看得见的世界史

玛雅

肖石忠 主编

MAYA

石油工业出版社

图书在版编目（CIP）数据

玛雅 / 肖石忠主编. — 北京：石油工业出版社，2018.3

（看得见的世界史）

ISBN 978-7-5183-2379-1

Ⅰ.①玛… Ⅱ.①肖… Ⅲ.①玛雅文化—通俗读物 Ⅳ.①K731.2-49

中国版本图书馆CIP数据核字（2017）第319096号

看得见的世界史：玛雅

肖石忠 主编

制　　作：日知图书 (www.rzbook.com)

出版发行：石油工业出版社

（北京安定门外安华里2区1号楼　100011）

网　址：www.petropub.com

编辑部：（010）64523616　64252031

图书营销中心：（010）64523731　64523633

经　　销：全国新华书店

印　　刷：艺堂印刷（天津）有限公司

2018年3月第1版　2024年3月第7次印刷

880×1280毫米　开本：1/32　印张：8

字数：215千字

定价：39.00元

（如出现印装质量问题，我社图书营销中心负责调换）

前言

玛雅文明从最早出现到被西班牙人摧毁，有将近四千年的历史。在世界远古文明中，玛雅无疑富有浪漫色彩。

玛雅文明的繁盛和失落为研究世界古典文明的学者们提供了一个很好的范本。关于玛雅文明繁盛的状况以及它失落的原因，长久以来一直是学术界研究的主题。在研究玛雅文明的过程中，人们发现所有文明的一些共同特征。也许“失落”只是一个个体性事件，“发现”才具有普遍意义。

没有人知道玛雅人的智慧来自何方，他们的智慧如同他们创造的文明一样神秘。纪年碑、金字塔、神庙以及观象台，这些遗存是实实在在的，却像他们奇异的宗教一样令人琢磨不透。即使是文字也蕴含着深不可测的寓意。他们对流动的时间是如此敏感，他们考虑到的宇宙的未来是如此遥远，他们意念中的世界又是如此统一。他们是天生的哲人，生活在属于自己的时空里，并且充满敬意地领略着天上与地下、神界与人间的意义。

玛雅文明在气候并不宜人的热带雨林环境中萌芽、兴盛然后消亡，历经千载，遗留下数以百计的大型废墟，引起后人的惊叹。本书以故事形式从科学、农业、文化和艺术等方面对玛雅的文明做了精彩展示，相信在阅读的过程中，大家一定会感觉到神奇的力量。

1

伯利兹玛雅遗址

与邻近的危地马拉、洪都拉斯等美洲诸国一样，伯利兹境内保存有大约1000处玛雅遗迹。一批批的远古玛雅人就是从这里出发，越过玛雅山脉，走到水草丰美的南美大平原。秘鲁、智利、墨西哥、危地马拉等历史悠久的国家，他们的国名依然保留着玛雅人的发音。相对来讲，伯利兹北部的玛雅遗迹更多是他们离开洞穴后建立的城市废墟和祭祀高坛。

2

玛雅玉米神雕塑

玉米是玛雅王国最重要的粮食作物，所以玉米神深受玛雅人爱戴，玛雅玉米神的名字与形象在存世经卷里出现了98次。这个手工制作的雕塑描绘了一个年轻的玉米神形象，该雕塑现藏于洛杉矶艺术博物馆。他戴着一件流苏的头饰和一串珍珠项链，耳朵突出。他双臂交叉在胸前，身躯微右倾，前臂放在玉米皮的折叠处，整体处于雕塑中心。

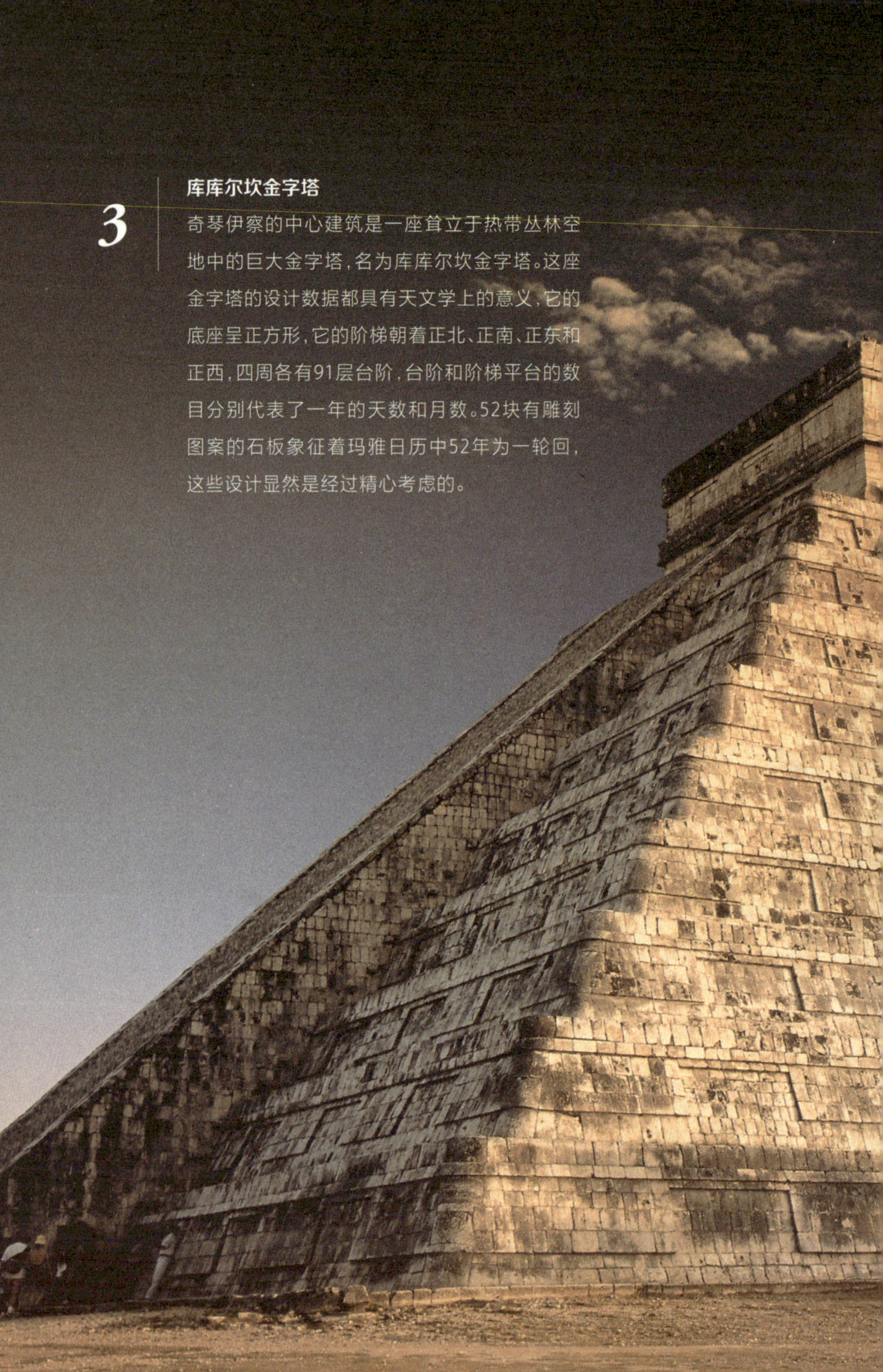

3

库库尔坎金字塔

奇琴伊察的中心建筑是一座耸立于热带丛林空地中的巨大金字塔，名为库库尔坎金字塔。这座金字塔的设计数据都具有天文学上的意义，它的底座呈正方形，它的阶梯朝着正北、正南、正东和正西，四周各有91层台阶，台阶和阶梯平台的数目分别代表了一年的天数和月数。52块有雕刻图案的石板象征着玛雅日历中52年为一轮回，这些设计显然是经过精心考虑的。

玛雅王室放血浮雕

4

石浮雕，现藏于大英博物馆，雕刻于700年～750年，高109厘米，长78厘米，厚6厘米。这一幅石灰岩浮雕，站着的是男性，旁边跪着的为女性，两人服装华丽，女性正拿着一条绳子刺破自己的舌头。对于700年左右的玛雅人来说，这一举动表明了国王与王后宗教上的伙伴关系，二人正在一起完成一项攸关本身权力地位的重大仪式。

5

玛雅香炉

从寺庙的台阶到洞穴内部，香炉被证实已广泛存在。人们认为，在玛雅王国的每一个主要仪式上，燃香所产生的浓烟都有着很隆重的意义。该香炉上坐着一个人物，双腿交叉，周围是一些神话生物，它们堆叠在他的头上，对称地呈现在他的两侧。雕刻细致精巧，有着一定的艺术气息。

古玛雅

公元前1500年

玛雅文明开始发展，玛雅进入前古典时期。

公元前700年

古中美洲大陆上第一次出现玛雅文字。

公元前400年

古中美洲大陆上最早的计时工具——玛雅石制阳历第一次出现。

公元前200年

玛雅文化成为大陆上的主流文化，玛雅古典时期蓬勃发展。

200年

一次干旱造成前古典时期的玛雅文明出现一次衰落。

600年

蒂卡尔城内人口接近50万，成为古中美洲最强大的城市。

750年

玛雅人的商务交流开始没落，战争与骚乱频起，玛雅部落之间的冲突愈演愈烈。

800年

许多玛雅大城开始被废弃，统治阶级把权力转移到东部城市，如今天的古巴、墨西哥等。

中外历史大事件时间表

公元前1500年～300年

公元4世纪～公元9世纪

中国

公元前1046年

以西周部落为主的联军起兵反商王帝辛(纣)，最终导致商王朝灭亡。

公元前770年

周平王迁都洛阳，东迁，历史上开始称为东周。

公元前202年

中国的西楚王朝灭亡，西汉建立。

200年

官渡之战爆发。

公元前770～前221年

春秋战国时期，是中国思想文化繁荣的时期，各位思想家发表各自观点，古史称“百家争鸣”。

316年

西晋灭亡。

581年

隋朝建立，589年灭陈，完成统一。

618年

唐代建立。

899年

盛极一时的蒂卡尔城也被废弃。

900年

随着城市的衰落，玛雅文化进入后古典时期。

1517年

西班牙人抵达尤卡坦半岛。

1695年

一个西班牙牧师发现了蒂卡尔城的遗迹。

1697年

最后一个玛雅城市——塔亚索倒塌。

公元9世纪～公元17世纪

655年

立武则天为皇后。

755年

安史之乱爆发。

879年

黄巢广州之战。

907年

朱温灭唐。

1126年

宋朝靖康之难。

1271年

忽必烈建立元朝。

1405年

郑和下西洋。

1578年

李时珍著《本草纲目》。

1644年

李自成攻陷北京，明朝灭亡。

目录

Contents

第一章

第二章

玛雅人的日常生活 / 89

第三章

伟大的创造——叹为观止的神秘遗迹 / 153

第四章

探秘玛雅失落的文明 / 207

第一章

丛林深处的文明古国

19世纪在洪都拉斯茂密的热带丛林中，首次发现了玛雅古文明遗址。它们静静地存在了上千年，如今依然屹立不倒，并举世瞩目。丛林深处的古国何以拥有发达的文明？玛雅人是如何生活的？有着怎样的宗教信仰？以及不为人知的神秘仪式？让我们一起走进丛林深处，去看看那穿越了千年走到我们面前的历史。

关键词:聚居区 / 丛林 / 资源

丛林中的古城

■ 约公元前3000年

神秘的玛雅文明作为美洲古印第安文明最辉煌的一页，已被浓密的热带丛林覆盖，在尤卡坦半岛这片被遗弃的土地上，我们不难发现昔日辉煌的神庙、壮观的广场、精美的壁画，还有神秘的纪年石柱，这一切都是玛雅人留给这片土地的深厚印迹。一个漫长的时代过去了，大自然几乎将这一切湮没，但奇迹依然留存。

三个不同的区域

玛雅人作为一个独特的群体，虽然创造了不朽的文明，但是他们的活动范围并不是很大。在数千年的发展过程中，玛雅人生活的区域也仅仅是在尤卡坦半岛（面积为19.76万平方千米）及以南的南部山区这片32.5万平方千米的土地上。在这一片满是丛林的区域里，虽然各处有着明显的差别，但是身处热带，炎热是它明显的气候特征。

一直以来，人们都按从南到北的顺序，根据地形地貌和气候特征把整个尤卡坦半岛及以南的南部山区分成南、中、北三个相互交错的区域：南部是以美洲中部山脉及高原为主的山地区域，中部是盆地和峡谷构成的半岛南部区域，北部是石灰石盆地构成的半岛北部区域。这三个区域虽然同属尤卡坦半岛及其附近地区，在纬度上也没有多大差别，但是气候特征却有着明显的差别。

^ 这是一幅创作于19世纪的石版画，表现了北美洲尤卡坦玛雅村庄沙巴切滋的一口水井。

南部区域中的山脉及高原地区，相对海拔较高，冬冷夏凉，降雨主要集中在5月到11月之间，相对于中部峡谷地区，这里雨季显得短暂，但并不像北部区域那样干旱缺水。在南部区域的山间谷地，长着茂密的热带丛林，这里有着丰富的物种，各种动物在这里繁衍生息；而高海拔地区，树木相对稀疏，多以草地为主，这些地方看起来比较荒芜，但是在玛雅文明发展的早期，这里曾经有大量玛雅人活动，随着岁月变迁，这些人慢慢地向中部等区域迁移。在南部高地区域有三个比较大的湖泊，它们分别是阿马提坦湖和阿提特兰湖，还有伊扎贝尔湖，这些巨大的湖泊蕴含着丰富的水源。在湖泊边上是繁茂的山谷林地，茂密的丛林孕育了丰富多彩的物种，在这里不难发现美洲虎、美洲狮、鹿、野猪等大型哺乳动物。一直以来玛雅人都在这里狩猎、耕作，其中玉米和豆类是他们最主要的作物。

中部区域的盆地峡谷地区，植被茂盛，雨量充沛，降雨主要集中在5月到11月之间，在这片区域里有着十多个相互串联的湖泊，伊策萨佩滕湖是其中最大的一个，每当雨季来临的时候，这些互相串联的湖泊周边就会被雨水淹没，造成洪涝，而每当雨水退后，这里便又显得生机勃勃。中部区域覆盖着浓密的热带雨林，野生的无花果树、面包树、多香果树、棕榈

这是一幅创作于19世纪的石版画，画作中呈现的是墨西哥玛雅遗址拉勃那的拱门，连接两座四方宫。

树在这里随处可见，而在那些低洼的区域则长着矮小的灌木丛林，这些灌木丛中有着大量的小型哺乳动物和鸟类。中部区域是玛雅人生活的三个区域中物产最为丰富的区域，在这里玛雅人除了种植玉米和豆类外，还采集面包树果实、可可豆、树薯等作为食物，而各种野生动物也为他们提供了丰富的肉食来源。辉煌一时的玛雅文明就是从这片区域开始，并向南方和北方区域传播。

北部区域的石灰石盆地，气候干旱，降雨量远没有中部和南部区域多。在这片平缓的区域里，土地贫瘠，富含养分的腐殖土只有薄薄的一层，在土层的下面便是石灰岩层，这些极易渗水的石灰岩层将地表水都纳入了隐秘在地下的暗河中，因此在这片区域里，几乎没有什么地表河流存在。由于北部区域石灰石结构特征显著，地表石灰岩极其容易崩塌，这样就形成了大量的暴露出地下水体的“塞诺特”。“塞诺特”就是天然的水井，它是在该区域生活的玛雅人的主要水源。可以说，哪里有塞诺特，哪里就有玛雅人的聚居区。公元9世纪后，中部区域辉煌一时的玛雅文明走向没落，这时玛雅文明进入后古典时期，原本在中部区域的文化中心逐渐向北方区域转移，并在北部区域获得复兴，不过这次复兴是有限的，它已然不能和古典时期的玛雅文明相媲美了。

玛雅人聚集的三个区域虽然有着明显不同的自然特征，但是各个区域之间并没有一条非常明显的界限，事实上它们是逐渐更替的。在这些区域里，玛雅人耕作和生活的模式虽然有所差别，但是它们所孕育的文明却彼此依存，带有一种普遍的共性，也正是这样，玛雅文明才在这一片相对独立的区域里有着自身的特征，并发出耀眼的光芒。

丰富的石灰石资源

玛雅人喜欢在浓密的雨林中修建祭祀用的金字塔神殿、大型的广场，以及娱乐和宗教结合的球场等公共建筑，这除了玛雅人对神灵的狂热外，还和

今天，这些伟大的石灰石建筑遗迹虽然历经千年却依然屹立在那里。在乌瓦夏克吞地区，考古工作者发现了玛雅人最早的石料建筑和石刻纪念碑，而在整个尤卡坦半岛，玛雅人建造了数以百计的城市和聚居点，其中在中部的蒂卡尔、瓦哈克通、帕伦克、科潘等祭祀中心，有着规模最为宏大的建筑群，这些建筑群都是用石灰石建造的。

^ 晨光中的奇琴伊察玛雅城邦遗址

奇琴伊察是古玛雅城市遗址，位于墨西哥东南部尤卡坦半岛，是玛雅文明最杰出的代表作，是玛雅古国最大、最繁华的城邦。

尤卡坦半岛地区丰富的石灰石资源有着密不可分的联系。在整个尤卡坦半岛区域里，各处都有石灰岩资源可供开采，由于这些石灰石易于开采，并方便雕琢图案，玛雅人便把石灰岩作为建造神庙以及雕刻各种各样的建筑装饰物的主要材料。

玛雅人在建造神庙的时候，所使用的都是简陋的石器工具，那些巨大的石板，还有雕刻着精美图案的石柱都是用更坚硬的黑曜石制作的工具琢磨而成的。玛雅人用石器工具雕刻完成这些复杂的艺术品，不能不说是一个奇迹。

相对封闭的尤卡坦半岛

尤卡坦半岛作为玛雅人活动的主要区域，它的自然特征和亚洲、欧洲的其他几个古文明聚集区有着明显的差别，亚欧大陆的几个古文明发展的区域多半处于温带，而且它们之间有着某种联系，相互影响十分明显，而玛雅人生活的尤卡坦半岛地处热带，并不适合农耕和畜牧业的发展。事实上，玛雅人也没有和其他古文明一样，培育出家畜，发展畜牧业，他们赖以生存的玉米种植长久以来也只是采用最原始的刀耕火种模式，这种地域状况使得玛雅文明有着相对独立的发展空间，可同时也缺少某种外来的力量，能使玛雅文明更富生机和活力。

玛雅人最辉煌的古典时期是在中部区域的热带雨林中发展起来的，在这片区域里，玛雅人与外界的交往十分不便，虽然有几条通往外界的商道，但是这并不能改变他们与世隔绝的特征。在玛雅文明发展最辉煌的时期，因为没有外界的干扰，玛雅王国内部相对稳定。即使有外族窥视玛雅的财富，他们对于玛雅的入侵和战争也因为雨林而无法展开。玛雅人在这样的条件下或许更能够将自身发展成为一种独具特色的文明。玛雅人崇拜神灵，他们将主要力量都用于建造神庙和以广场为主的祭祀中心，而通过壮观祭祀中心的建造，玛雅人伟大的文明也得到了发展。

历史断面

美洲三大古文明

在美洲古文明中，除了玛雅文明外，还有阿兹特克文明和印加文明，它们是美洲古文明三颗耀眼的明星。这三个文明彼此独立，有着各不相同的发展脉络和文化特征，不过遗憾的是它们并没有和亚洲、欧洲文明一样影响世界。西班牙人踏上美洲后，开始血腥掠夺美洲的财富。这些古老的文明遭到了前所未有的破坏。在印加帝国，西班牙人为了掠夺黄金，将记录着丰富信息的结绳焚毁殆尽。在玛雅，他们为了消灭所谓的异端邪说，将各种手抄本烧毁。在阿兹特克，他们更是把破坏原有文化、建立他们自己的文化作为一种使命，这不可谓不是人类的一大悲剧。

VISIBLE
HISTORY OF THE
WORLD

关键词：尤卡坦半岛 / 科潘 / 帕伦克遗址

发现玛雅

■ 17世纪～19世纪

中美洲的热带丛林，草木森森，幽隐寂静。这里巍然矗立着一座座石碑，有的石碑上雕刻着精美的图像，有的石碑上有斑斑的象形文字，它们共同诉说着一个古老国度的传奇故事，这个古老的国度就是玛雅。当探险者以一种惊异的目光凝视着玛雅遗址时，它神秘的面纱才在世人面前慢慢地揭开，让我们感叹，让我们疑惑，也让我们肃然起敬。

踏上征途

美国著名的游记作家约翰·劳埃德·斯蒂芬斯一直对神秘的失落之城充满兴趣。《埃及、阿拉伯半岛皮特拉和圣地旅行记》就是他创作的以探秘之旅为题材的一本畅销书。靠着这本畅销书，斯蒂芬斯拥有了足够的资金，从而支持他去从事更为伟大的探险事业。

1839年，34岁的斯蒂芬斯开始着手准备去美洲的密林寻找失落的玛雅文明。玛雅文明是中美洲印第安先民创造的辉煌文明，在哥伦布发现新大陆之前，这一古老的文明据说就已存在了几千年之久，是在与亚、非、欧等古代文明隔绝的前提下，美洲人独创的文明，并且在科学、艺术等诸多方面都取得了非凡的成就，而美洲另外两个伟大文明阿兹特克文明和印加文明都难以与玛雅文明比肩。在英文中，玛雅甚至成了神秘莫测的代名词。当玛雅文明神秘失落之后，它的一切秘密都静静地隐藏在中部美洲的热带丛林之中。

与斯蒂芬斯同行的是一位同样对考古探秘有着热情的英国建筑师弗雷德里克·卡瑟伍德。当二人在伦敦相遇时，都觉相见恨晚。当斯蒂芬斯把想前往美洲探险的想法告诉卡瑟伍德时，卡瑟伍德激动不已。斯蒂芬斯和卡瑟伍德做了充分的准备工作，他们几乎阅读了当时在欧美能够找到的一切关于玛雅的资料，这些介绍有的说玛雅与古代埃及人有联系，有的说玛雅与古代腓尼基人有联系。但在这些资料之中，对斯蒂芬斯和卡瑟伍德帮助最大的

∨在玛雅文明遗址发掘的历程中和普及玛雅文明知识方面，有两位关键人物无疑是值得人们铭记的，他们是约翰·劳埃德·斯蒂芬斯和弗雷德里克·卡瑟伍德。

^ 玛雅科潘的立柱雕刻

是一位书商提供的图文并茂的《尤卡坦访古览胜记》，这本书鼓励人们在美洲新大陆上擦亮眼睛，去寻觅一个个令人惊喜的发现。

为了给养更加充足，旅途更加顺利，在出发前，斯蒂芬斯特地拜访了当时的美国总统范布伦。范布伦总统对斯蒂芬斯的探险很感兴趣，并任命他为美国驻中美洲联邦代办，以减少他在探险过程中遭遇外国政府的阻碍。万事俱备，1839年10月3日清晨，斯蒂芬斯与卡瑟伍德乘坐双桅帆船离开了纽约港，向着隶属于墨西哥的尤卡坦半岛扬帆起航。

寻觅之旅

1839年10月30日，斯蒂芬斯与卡瑟伍德在尤卡坦半岛加勒比海沿岸的伯利兹城顺利登陆。斯蒂芬斯以自己美国外交使节的身份很快结识了当地的官员帕特里克·沃克，并了解到玛雅这座失落之城的大致方向。不久，斯蒂芬斯与卡瑟伍德就毫无波折地发现了玛雅文明中的科潘遗址，他们被这个古文明留下的断壁颓垣惊呆了。

斯蒂芬斯生动地描写了发现科潘遗址的经过，他们在茂密的丛林中披荆斩棘，缓缓前行，突然眼前一亮，一座方形的石柱，约有4.2米高，1米宽，赫然矗立在眼前，四面从上到下都刻有线条清晰、轮廓分明的浮雕。正面是衣着华丽的人物形象，神色庄重威严，背面是稀奇古怪、令人费解的图案，两侧则是或密或稀的象形文字。在这块石碑后，还错落排放着一些石碑，也都布满图画或者线条。

当面对这些不期而遇的石碑时，斯蒂芬斯与卡瑟伍德对美洲古老文明油然升起一股崇敬之情。通过这些神秘的遗存或者说精美的艺术品，他们知道这绝不是传说中的埃及人遗迹或者腓尼基人遗迹，而是独特的美洲文明。这个已消逝的文明绝不比曾经的古希腊、古罗马文明逊色，只是因为它们湮没在静谧的丛林之中而没有得到世人足够的重视。

抵达科潘遗址大约两周后，斯蒂芬斯不得不完成临行前美国政府交给他的一些使命，如考察横穿尼加拉瓜以联系大西洋和太平洋的运河线路。卡瑟伍德则较为自由，他又寻觅到了伊萨巴尔港附近的基里瓜遗址，并认真做了记录。

1840年复活节，终于能够摆脱其他琐事的斯蒂芬斯与卡瑟伍德又踏上了探险之旅，他们前往玛雅文明的另一个重要遗址——帕伦克遗址，它位于墨西哥湾沿岸的热带雨林中。他们在最宏伟的建筑中设立营地，像在科潘遗址一样开始工作。斯蒂芬斯寻找碑刻，砍伐缠绕在上面的灌木丛，在依然挺立或已经坍颓的墙体中仔细辨识遗迹现象。

曾经覆盖在逝者脸上的面具，整张脸由红色贝壳及各色矿石拼接而成。

在工作了大约两个月后，1840年6月他们离开帕伦克遗址，乘船前往墨西哥湾沿岸的特米诺斯泻湖，然后抵达尤卡坦首府梅里达的港口赛萨尔，之后他们再度开始了在丛林中的穿梭。几天以后，当他们从低矮的灌木丛里钻出时，抬眼看去，大片开阔地上点缀着基墩遗迹，是没有阶台的金字塔状的庞大建筑群，不仅宏伟壮观，而且保存很好，没有一棵灌木阻碍视线，风景如画。他们又考察了一段时间，启程返回美国。

玛雅研究新纪元

1841年6月，两卷本的《中美洲、恰帕斯和尤卡坦旅途见闻》问世了，尽管大多数整页图版都是关于玛雅碑刻和建筑方面的，可这本书还是轰动了世界，并成为玛雅研究史上的一座里程碑。这本书文笔生动、插图精美，不断再版，玛雅遗址自此引起了读者的广泛关注。这本书告知读者，玛雅文明是一个在建筑、雕刻和绘图等方面拥有熟练技巧的民族所独创的奇迹，这改变了人们之前对玛雅的认知。

斯蒂芬斯从这次游记出版中又获得了丰厚的稿费。1841年10月9日，他再次和卡瑟伍德前往中美洲的密林中继续寻觅玛雅文明，并且明确此行具有考古学和科学目的。他们本来不想宣传此次探险，但他们因为传记的出版而变得名声大振，因此他们受到了当地民众的热烈欢迎，考古工作也进行得更为顺畅。这次他们对遗址中的建筑、遗迹等进行了更为细致的考察和记录，并利用当时很稀有的照相设备拍下了一些图片，还把一些刻着象形文字的石碑用船载回了美国。1842年3月7日，斯蒂芬斯的探险队到达了此前没有到过的大型玛雅遗址奇琴伊察，宏伟的建筑、精细的雕饰再次给斯蒂芬斯带来了深深的震撼，他们在这里进行了三周的认真考察。

1842年6月，斯蒂芬斯一行返回美国。9个月后，一本新的游记《尤卡坦旅行记闻》诞生了，这本游记比上一本更精美，描述的玛雅遗址也更为详细，再次掀起了抢购狂潮，并长销不衰。

1840年可以看成是玛雅研究的分水岭。在此前的两个世纪里偶有零散的探险活动，有时令人惊讶地集中在极个别遗址上。在1840年之后，人们对玛雅历史产生越来越大的兴趣并展开更加深入的探索。一方面，一些学者开始搜集各种玛雅的档案资料，尤其是不断发现、整理玛雅抄本，从而研究玛雅的历史

^ 玛雅蒂卡尔遗址

蒂卡尔是玛雅古典时期最大的城邦。蒂卡尔遗址中包括几百幢重要的古代建筑，现存显著的建筑有六座顶上有着神庙的阶梯金字塔。蒂卡尔金字塔斜度达70度的惊人设计，其外形如欧洲的哥特式建筑般奇峭，因而有人称之为“丛林大教堂”。

发展、历法、科技以及生活起居等；另一方面，一些学者不断地进行考古探察，从玛雅遗址的实物中研究、推断玛雅文明的蛛丝马迹。玛雅文明保存最完整的遗址蒂卡尔城，是1956年美国100多名考古专家经危地马拉政府同意后，前往考察发掘的，这座占地面积广大、布局合理的古城在考古学家的不断发掘后得以重见天日。1931年，墨西哥考古学家发现卡拉克穆尔遗迹，到了20世纪80年代才进行深入发掘，这里出土了一系列精美的随葬玉器，从而改变了此前人们认为玛雅文明玉器制作不发达的认识。

直到今天，无论是对玛雅文明的文本解读，还是对于玛雅遗址的考古发掘，都在不断进行之中，关于玛雅的传说或者被证实或者被否定，但玛雅文明的神秘色彩却不仅没有减少，反而与日俱增，因为人们对玛雅认知越多，就有越多的谜团无法解释。让我们一同走进这个神秘的国度，去叩问、去聆听吧。

关键词：手抄本／玛雅文献／玛雅历史

劫后幸存的玛雅文献

■ 被发现于18世纪

每一个古老而独特的文明都拥有自己的文字，玛雅文明也不例外。玛雅在神秘消失之后，留下了四部手抄本，让后人可以凭借这些文字窥见玛雅那辉煌而伟大的文明的一部分。同时，一些西班牙语资料也为我们深入细致地探寻玛雅的踪迹提供了帮助。如今，当面对劫后幸存的玛雅文献时，我们就是在聆听远古的声音。

《德累斯顿抄本》

西班牙殖民者入侵美洲大陆时，玛雅文献毁损殆尽。逃过劫难的玛雅文献少得可怜，但总算没有踪迹全无，我们还能一睹玛雅文献的风采，并从中对玛雅进行解读。但目前遗留的玛雅抄本都不是玛雅文献的原文，抄本，顾名思义，这些书并不是玛雅最早文献的原件，而是祭司在数百年中陆续抄录绘写的复制品。

玛雅历史文献幸存四本手稿，根据收藏地点或发现者命名，分别为《德累斯顿抄本》《巴黎抄本》《马德里抄本》和《格罗里那抄本》。这几部抄本形成于不同时期，《德累斯顿抄本》可能出自11世纪，《马德里抄本》可能是15

世纪的手笔，《巴黎抄本》大概略早些。

^《德累斯顿抄本》文内细节图

《德累斯顿抄本》因存放在德国德累斯顿图书馆内而得名，一位藏书家1739年从私人手中购得，送入德累斯顿皇家图书馆。这部抄本100年后才得以公开面世，它是迄今为止最详细的玛雅抄本，也是珍贵的艺术作品。

这份抄本共39页，皆双面记载，内容广泛，包括预言、金星运行规律、日食周期表以及天神的生活图画等，还讨论了众神的宇宙背景，以及历法和仪式。第二次世界大战末期，这本抄本的原稿毁于战火，今天的学者们进行研究时所使用的是19世纪的抄本副本。该抄本讲述了曾经存在的三个世界的故事，每个世界都被一场大洪水毁灭。第一个世界的居民是矮人，他们从废墟中建起一座座城市。黎明一到，矮人们就变成了石头。第二个世界的居民是“越界者”，这个世界结束的方式和第一个世界一样。第三个世界的居民是玛雅人，也是以同样的方式结束。西班牙人的到来发生在第四个世界，也就是现在的这个世界，它也将被另一场毁灭性的大洪水一扫而空。

《巴黎抄本》《马德里抄本》与《格罗里那抄本》

《巴黎抄本》因在巴黎国家图书馆收藏而得名，据说它早在1832年就收藏在了图书馆中，但一直不为世人所知，只是默默地躺在藏书架上。1859年，著名的玛雅文化学者戴波尼发现了该抄本，经过研究他发现了该抄本的价值，随后，研究玛雅文明的学者才对《巴黎抄本》重视起来。巴黎抄本正反两面皆有文字和图案，主要记述的是玛雅的预言和天文等内容。

《马德里抄本》残缺不全，缺头少尾。在发现过程中也是零星获得，一部分于1869年获得并发表；另一部分获得于1875年，并于1883年正式发表。《马德里抄本》虽然残缺，但页数却不少，多达112页，记述的内容也十分丰富，天文、历法、数学、建筑等内容都有涉及。

《格罗里那抄本》发现较晚，前三个抄本均在19世纪出现，只有《格罗里那抄本》直到20世纪70年代才被公之于世。这个抄本最初是在一个洞穴中被发现的，并且只有零散的11页，最初为美国的私人收藏品，现存放于墨西哥的博物馆里。在零散的11页中，主要记载的是英雄或者天神，每页都有一个数字，目前还不了解这些数字所代表的含义。

在玛雅，《德累斯顿抄本》中的许多内容是作为历法来应用的，历法中的特定的日子都有主宰吉凶的神明，每个神明图像上方都用玛雅文字写着这个神明的名字。

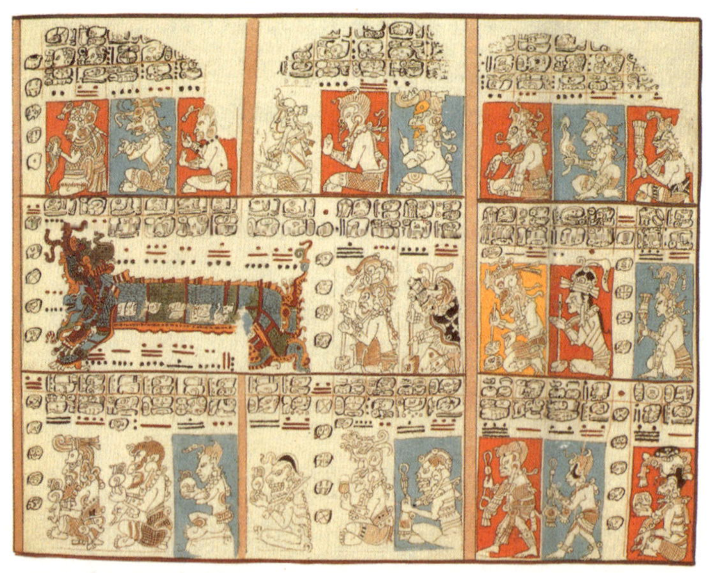

手抄本的故事

^ 被称为《巴黎抄本》的玛雅文献，正反两面皆有文字和图案，记载着包括历史事件、预言、神明、祭祀仪式的场面以及历书等内容。

仅存于世的玛雅手抄本通过何种途径来到欧洲已经不为人知了，不过它们也算是幸运了，在这些重要的玛雅文献到达欧洲后，它们又经历了风风雨雨，其中的故事更是让人寻味。

《德累斯顿抄本》原本在奥地利，是一个奥地利私人藏书家的收藏，但是这个收藏家并不懂得这本书的价值，他对其中的玛雅文字和图案也不感兴趣。直到1739年，一次偶然的机会，德国德累斯顿皇家图书馆馆长戈兹在奥地利看到了这本书，并向这个奥地利人提出了收藏的请求，这个奥地利人便将这本赫赫有名的玛雅文献送给了他，这本长达3.5米，共有39页的文献便一直留在了德国。

《巴黎抄本》的命运可以用劫后余生来形容。1859年，一个学者在巴黎图书馆烟囱旁的废书堆里“淘书”，他意外地发现了这本即将被报废处理的古书籍。他将此事向图书馆做了报告，这本书才没有被毁，而它也成了巴黎图书馆中的珍藏，《巴黎抄本》展开后长1.45米，是最为“袖珍”的一本。

西班牙语的玛雅文献

仅存的几部玛雅抄本，尽管所占比重非常小，但已经为我们窥望玛雅智慧开启了一扇窗。但因为玛雅的象形文字难以破译，学者们对于这几部抄本也难以完全读懂，因此玛雅研究者们另辟蹊径，其他文献的价值都被逐次抬高。其中被认为最有价值、最接近玛雅文化原型的是《卡奇克尔年鉴》《契兰·巴兰》《波波尔·乌》和《拉比纳尔的武士》四部书。这些书被认为得自玛雅祭司集团的真传，所以也就具备了一定的权威性。

《波波尔·乌》是1688年由编年史家希门尼斯整理成西班牙文的，基本保留了原玛雅文本的内容。因为其成书时间就在西班牙征服玛雅后不久，并且可以同有关文物等相互参证，因此也是研究玛雅的重要资料来源。《契兰·巴兰》是一部丛书，西班牙殖民者希望用西班牙文替代玛雅文字记述玛雅历史，结果在玛雅神秘消失之后，《契兰·巴兰》成为解玛雅历史文化、风俗习惯的重要参考资料。

历史断面

玛雅纸

在古玛雅时期，玛雅人用纸来书写各种文献，不过这种纸是玛雅人用当地的无花果树的树心嫩皮制成的。它的具体制作方法是将含有大量纤维的树皮捣碎成浆，再加入一种树胶，接着胶状树浆被摊在平整的石板上，并且用木板压制，晒干后，玛雅人会在纸上涂上石灰，这样一张独具特色的玛雅纸就做好了。玛雅的祭司和贵族在这样的纸上画画或者写字，记录各种内容，而长长的纸在书写完成后会被折叠起来，成为书籍。16世纪，西班牙殖民者入侵玛雅的时候，发现了大量这样的书籍，不过他们并不重视这些，甚至把它们作为柴火烧了。兰达大主教在他的《尤卡坦记事》中说，他们曾经在一个玛雅小镇的地窖里发现了三十多本用象形文字书写的玛雅古书籍，这些书上有着非常精美的图画，其中的文字是用黑色或者红色墨水书写的，而纸张则是用无花果树皮或者桑树皮制成，在书的外面包着漂亮的美洲豹的皮毛。在兰达主教看来，这些书籍是异端邪说，是必须烧毁的，因而，他毫不犹豫地将它们烧毁了。

关键词:奥尔梅克/巨石头像/建筑艺术

奥尔梅克文明

■ 公元前1200年～公元前100年

有人说，神秘的玛雅文明似乎从天而降，人们很难从玛雅文明的遗迹中窥见其幼年时期的成长。然而，当奥尔梅克文明呈现于世人眼前时，人们心中的那个关于玛雅文明的起源之结终于可以慢慢打开。美洲文明的初曙照亮了其文明的后裔，事实再度验证了那句古老的名言——罗马不是一天建成的。

奥尔梅克的发现

如今的墨西哥,曾经是各种文明的发源地,也有着各种美丽的传说。其中的一个古老民间传说是这样的:在远古时代的某一处密林中,生活着一个快乐的民族,他们生活在如画般的仙境中,他们有着高度发达的文明。

这个传说富有神奇的魅力,同时也让一些考古学家坚信,的确有这样的一个古老文明尚未被发现。1938年,墨西哥考古学会组建了一支考古队,去探寻这个古老民族的遗址。

^ 奥尔梅克巨石头像

令人惊喜的是，没过多久，考古队就顺利地在一片森林中发现了11颗巨石头像，其中最重的约20吨。考古学家们兴奋不已，继续探索，最终在墨西哥湾沿岸发掘了两处大的遗址，分别是拉文塔和特雷斯·萨波特斯。

根据考古学家们的测定，这两处遗址至少在公元前1300年就形成了成熟的文明，这是迄今为止中美洲发现的最早的文明。二十多年后，又一重要遗址圣洛伦佐被发现。这三处遗址同属于一个文明，它就是奥尔梅克文明，奥尔梅克文明从此被看成是美洲文明的初曙。

代表奥尔梅克文明发展进程的三处文化遗迹中，形成于公元前1200年～公元前900年的圣洛伦佐文化遗址发现得最早；随后出现的是拉文塔文化，形成于公元前900年～公元前600年；而特雷斯·萨波特斯文化出现得最晚，形成于公元前500年～公元前100年。三个文化遗迹所代表的是中美洲早期文明的核心，它们年代相隔久远，却相互继承和延续，而且这三处文明所产生的影响也不只局限于墨西哥少部分地区，它所影响的是整个中美地区的文明发展。玛雅文明、阿兹特克文明都有奥尔梅克文明的痕迹，它们之间在建筑艺术、农耕文化、神的崇拜等各个方面都有极其相似的地方。

奥尔梅克的文明轨迹

墨西哥的维拉克鲁斯州和塔巴斯科州被看成是奥尔梅克文明的发祥地。这片约为1.8万平方千米的土地，曾经是古老的奥尔梅克人的故乡。这里河汊纵横，水源充足，草木茂盛，孕育了伟大的文明。

在公元前1200年左右，奥尔梅克文明就已经达到了繁盛期，繁盛持续了大约300年，而后于公元前900年左右开始衰落。公元前1200年～公元前900年，奥尔梅克文明处于圣洛伦佐文化阶段，以圣洛伦佐为中心，这个文明淋漓尽致地展现着它独特的魅力。公元前900年奥尔梅克文明开始衰落之时，进入了拉文塔文化阶段，该文化阶段大约从公元前900年持续到公元前600年。在公元前600年之后，奥尔梅克文明开始不断收缩，到公元前500年至公元前100年，奥尔梅克文明像落山的夕阳一样，渐渐地消失无踪。此时也正是奥尔梅克文明的最后一个阶段——特雷斯·萨波特斯文化阶段。

尽管发掘到的奥尔梅克文明遗址集中在墨西哥地区，但实际上在繁盛时期，奥尔梅克文明影响了大量的中美洲文明。在奥尔梅克文明之后，中美洲出现的诸如玛雅文明、阿兹特克文明等都被认为与奥尔梅克文明有很深的渊源，甚至很多学者认为奥尔梅克文明就是玛雅等文明的母体。之所以这么说绝不是凭空臆想，因为无论是宫殿建筑、玉器雕琢，还是宗教崇拜、生活习俗等众多方面，玛雅文明都有着奥尔梅克文明的影子。此外，奥尔梅克文明衰落之际也正是玛雅城市的形成时期，因此不少学者认为奥尔梅克文明的消失不能称之为消失，而是其向玛雅文明的转型。

无论从何种角度来看，奥尔梅克文明是中美洲文明之母的说法都无可辩驳，而玛雅文明是奥尔梅克文明的一支的说法也获得了越来越多的认同。

历史断面

奥尔梅克人的文字

奥尔梅克人虽然有着丰富的社会生活、精湛的雕刻技艺，但是他们并没有大量地掌握文字，在文字的使用上，玛雅人可谓是先声夺人。1939年1月16日在特雷斯·萨波特斯出土了一块石碑，石碑的正面刻有“点”“横”组成的数字，竖行排列，经破译意为“公元前31年”，石碑的背面刻有美洲豹的形象。这一石碑的发现改变了人们对奥尔梅克人不会使用文字的看法，事实上奥尔梅克人是中美洲文明发展进程中创造文字和历法的始祖。

令人震撼的建筑艺术

作为美洲文明的初曙，奥尔梅克文明有很多成就，但从遗址发掘来看，其最让人震撼的还是建筑艺术。

作为中美洲最早宗教中心的拉文塔，当时已形成大的城镇，宏伟的金字塔式庙宇、高大的玉石雕刻矗立在巨型的广场上。用天然的圆形巨石雕刻的头像更是硕大无比，有的竟高达三米多，有三十多吨重。一座座头像用的或是花岗岩，或是玄武岩，除了对人物五官进行清晰的刻画外，每一个头像的头顶还戴着古怪的头盔。这些巨大的头像不仅彰显了奥尔梅克人的艺术水平，也似乎在传达着某些神秘的讯息。

一些人猜测这些头像刻画的人物或许与外星人有关，又或者猜测说如果没有外星人的帮助，以当时人的能力很难将如此巨大的石头进行细腻的雕琢。除了巨石头像外，奥尔梅克人建造的祭祀台也同样工程浩大，大一些的祭祀台高达30米，底座直径达128米。

∧ 坐落于今墨西哥尤卡坦半岛的乌斯玛尔城是玛雅文明的一个重要古址。

神秘的头像

奥尔梅克巨石头像是奥尔梅克人留给今人最具特色的遗迹，这些用巨大的玄武岩雕刻的头像有着丰富的表现力，它们大多鼻子扁平，嘴唇厚大，那半睁开的眼睛显得沉重，好像在冥思什么，而神秘的大头盔则遮住了头像的一大部分。这些头盔整体圆滑，有一种奇异的力量感，面对这样巨大的头像雕塑，我们不禁会想起它们和外星人是否有着某种关系，而数千年过去了，在这片丛林中，奥尔梅克巨石头像依然保持着它静默的本色。

在发现的14个巨石头像中，高3.05米，重30吨的青年头像是其中最大的一个，他是谁，代表了什么，考古学家一直为之探索，并希望用事实来破解谜团。在今天，有的人说他是奥尔梅克人的领袖，有的人说他是天外来客，整个雕刻就是外星人的样子，而实际

上，这些头像的五官特征看起来更像非洲人，不过非洲远离美洲，而美洲人源于亚洲，这又为头像增添了几分神秘感。

奥尔梅克人的巨石头像建造不但表现了奥尔梅克人自身的艺术天赋，而且也表现了他们强大的组织能力。这巨大的头像的建造并非一朝一夕，它需要组织大量的人力来完成，光是把建造头像的石头从数百里外的图斯特拉山运送过来，在当时便是一项极其艰巨的工作。而头像的雕刻也正反映了当时社会已经有富余的物资和劳力，并且社会也产生了分化，形成了国王、祭司、农民和手工艺人等群休。在这些群体中，等级分化明显，不同等级的人有着不同的社会地位，不过这并不能影响玛雅人的生活。

奥尔梅克人对于建筑的天分以及其恢宏的建筑风格，后来都被玛雅人和阿兹特克人等继承，这同时也是学者判断玛雅文明与奥尔梅克文明继承关系的重要证据。

关键词：玛雅农业／玉米神／饮食文化

发达的玛雅农业

■ 公元3世纪～公元9世纪

农业的发展程度，在一定程度上可以决定一个古文明发展的高度。玛雅农业中独特的耕作方式，合理的作物选择，对面包树的栽培，以及辅助农产品的肉食品来源，使玛雅人能够过上优渥、闲适的生活。正是这种生活，让玛雅人有更多的时间思考，思考神、思考人、思考宇宙，并将这些思考融汇到数学、天文学、建筑与绘画之中，从而孕育了繁盛的文明。

独特的耕作方式

任何一个文明，首先需要满足的便是人的生存，农业耕作因此便是孕育繁盛文明的基石。但当考古学家最初踏临玛雅文明遗址时，在他们脑中不断萦绕着一个问题：玛雅人是怎样满足自己对于粮食的需求的呢？学者之所以会有这个疑虑，是因为玛雅文明遗址多处于热带森林地区或者灌木林地区，一般来看，这样的地区都不太适宜发展农业，只能维系一个低水平的人口密度，但考古发现却又证明那里当时人口密集，且城镇化水平也比较高，这说明当时的生产力水平已经相当高了。

实际上，玛雅文明时期之所以能够拥有大量人口，是因为玛雅人采取了独特的耕作方法。他们先于旱季，即12月至次年3月间砍伐待耕种地区的树木与下层丛林。森林中的大树可以用环周剥皮法致死，使其更宜于伐倒，而小树则直接砍倒即可。所有砍伐的树丛都扔在田地里，在旱季的其余时间里令其干枯，成为一堆几乎无法生长的根须枝杈。在雨季即将来临的时候，这些干枝就被烧掉，很可能是先烧光这片干枝的外缘，以清出一条防火带，避免火焰蔓延到森林之中。很重要的一点是，不能在距离雨季来临很早以前就烧掉干枝，否则地面上将会重新长出野草；但是也不能太晚，否则它们会被淋湿而难以燃烧。

种植的时候玛雅人肩背一个小袋，使用一根尖头长棍，在地上点出一个个坑，撒进几粒种子，再用木棍将土盖上。夏天的雨水促使种子萌芽后不久，第一批秧苗就出现了。夏季的除草是间隔进行的。玛雅人除草是用手将草连根拔起，这种方式虽然效率不高，但是能保障土壤的质量，使一块地能够连续耕作七八年而产量基本不会减少。秋天，是收获的季节。经过一个短暂的间隔之后，下一个耕种周期就又开始了。

^ 玛雅人的玉米神雕像

大约两年过后，由于野草长得过于茂密致使产

南美玛雅人神话：受众神影响的一株玉米所结出的财富。根据玛雅人的传说，最早的四个人就是地上的玉米做成的。

量下降得令人无法接受时，这块旧的田地便会被弃置数年，再次成长为次生林，树冠将逐渐遮住野草生长需要的阳光，使其生长减缓。森林中的植物会恢复土壤的腐殖质，最终，这块土地又会适于耕种。与此同时，一块新的田地会被开垦并耕种。

有人可能会质疑玛雅人耕作方式的笨拙，尤其是使用长棍点出小坑下种，实际上这是最适合当地土质条件的耕作方式。当地土层很浅，一般只有几英寸深，天然石灰岩露出地表的情况也很多，因此犁、锄、铲等工具都难以发挥功效。难怪美国一些农业专家实地考察玛雅遗址之后也不得不承认，玛雅人的耕作方法就是最佳选择。

金黄的玉米受青睐

2001年，美国与危地马拉组建的联合研究小组发布了关于玛雅文明的一个新发现，公元前5000年，玛雅人已经开始在今天位于中美洲的危地马拉南海岸种植玉米。

公元3世纪至公元9世纪，正值玛雅文明的黄金时期，玛雅居民主要的农作物仍然是玉米。玛雅人食物的80%是玉米，玉米种植几乎是玛雅农业的全部。玉米是高产作物，因此能够养育较多的人口。但玉米也是旱地作物，生活于中美洲地区的玛雅人在引水浇灌玉米的同时，也要时刻注意防涝的问题。因此对于玛雅人来说，大型水利工程是必不可少的。从玛雅遗址来看，的确有规模宏大的纵横交错的灌溉、排涝沟渠系统广泛分布于中美洲地区。这些沟渠宽1米至3米，深0.5米左右。

此外，当时的阿兹特克人还发明了一种种植蔬菜的方法，他们先是用树枝、芦苇编成排筏，用淤泥掺上其他泥土敷在筏子上，用木桩插入水底来固定，然后种植蔬菜。玛雅人仿照阿兹特克人的做法，在固定的筏子上种植玉米，大大降低了淹涝的影响。

一位农业学家对玛雅农业的考察发现，玛雅人完成一年的玉米种植全过程，只需要190天。但就是这实际耕作的六七个月，玛雅人收获的粮食完全可以满足一家人一年的生活所需。多余的粮食可以做种子，也可以用来与其他人交易，以获得其他产品。如果一户玛雅人对生活的要求只限于满足温饱的话，他们只需七八十天的实际劳作时间就足够了。

由于玛雅人的每块土地能够连续耕作七八年，这就使得他们能够长期定居在某一个地方，而在玛雅人余下的很多空闲时间里，他们就可以去从事生产食物以外的活动。很长的闲暇非常利于玛雅文化的发展，这也是玛雅人能够广建庙宇、广场、金字塔，进行大量雕刻和绘画的重要原因。

可爱的面包树

玛雅人的主食除了玉米外，还有面包。当然这种面包不是烤箱烤制出来的，而是树上结出来的。玛雅人长年种植一种“拉蒙树”，也被称为面包树，这种树会结出可食用的树籽，一棵面包树每年可产近1000千克可食用的、营养丰富的树籽，这种树籽因类似面包而被专家们称为面包果。面包树曾在不少的玛雅遗址中被大量种植，并被玛雅人精心呵护。在玛雅遗址的发掘中，考古学家们曾经发现了狭窄的地下室，最初人们不知道这种地下室的具体用途是什么，后来有学者发现了面包树及面包果，人们才意识到原来玛雅人的狭窄地下室是用来储存面包果的，面包果可以在地下室长期保存而不变质。

对蒂卡尔遗址的研究发现，如果面包果与根茎作物、蔬菜合理搭配，则无须玉米，就可以满足蒂卡尔城市中心7000至7700人的食物需求。根茎作物在玛雅人的食物中也占有重要比重，甜薯和豆薯等根茎作物在当时的种植量很大，产量也很高。玛雅人之所以这么重视根茎作物，是因为根茎作物可以很方便地套种在玉米田中，而不用占用另外的田地。虽然玉米、面包果、根茎作物、蔬菜都是玛雅人食物中的重要组成部分，但玛雅人的生活不只是简简单单的素食，玛雅人的荤素搭配还是相当合理的，这就需要在农业之外辅助渔猎业和畜牧业的发展。

肉食的来源

玛雅人生活在丛林之中，鱼类对于他们来说吃得很少，一是因为鱼类的数量少，二是因为温度较高，鱼类不易于保存。所以玛雅人的肉食主要来源于狩猎。玛雅人最为常见的狩猎对象是鹿，主要有白尾鹿、短角小鹿等。一般认为，玛雅人从事农业耕作过程中烧掉的树丛，可以提供吸引鹿的盐渍。

玛雅遗址出土的小型陶雕中，有一件表现的是玛雅人正在用石刀杀死一只蜷伏的鹿，这只鹿看起来已经被猎手所执的长矛所伤，而猎杀的方式可能是趁其尚未警觉之际在近距离内用一支短矛刺中鹿身。除了鹿外，玛雅人的肉食来源还有野猪和狗。玛雅人所食用的狗可能是野生的，也可能是经过驯养的家犬。

玛雅人尽管鱼吃得不多，但是大量的淡水软体动物却成了他们的盘中餐。

流经部分玛雅遗址的哥伦比亚河里生长着许多螺蛳，当地人称为“贾特”，在当地遗址的废弃堆积物中可以见到成千上万只螺壳，其顶部都被

^ 古玛雅浮雕

此浮雕被发现于今危地马拉地区，雕刻正中坐着的是古玛雅时期一位国王，两侧下跪者为其奴隶，正在供奉国王。浮雕上刻有古玛雅文字，雕刻细致，十分具有艺术价值。

敲掉以便取出螺肉。一些较大螺壳也曾作为馈赠品保存，但也是在被掏空螺肉以后。第二种可供食用的软体动物是沼泽和淡水生蜗牛，有证据表明这种蜗牛曾经被玛雅人大量捕食，有些废弃物堆积的一层中就有成千上万只蜗牛壳，而且大小相似，说明这种蜗牛很有可能是在当地沼泽或者河流边缘地段养殖的。

VISIBLE HISTORY OF THE WORLD

关键词:城市建设 / 贸易活动 / 金字塔神庙

玛雅的城市和贸易

▪ 公元前1000年

一个文明的发展不是孤立的，它或多或少都会与外界发生一些联系，这种联系对这个文明的发展或许影响不大，但在它的影子里，我们还是不难发现外来影响的某种印记。玛雅文明在漫长的发展过程中，受到了多种外来因素的影响，而这些影响似乎对玛雅文明的发展没有起到多少作用，玛雅文明因其相对独立的生存区域，还有较为恶劣的环境等状况，形成了独特的文明发展轨迹。当然，在漫长的发展过程中，玛雅文明也非一成不变，特别是在后古典时期（900～1500），由于外族的入侵，玛雅的城市建设发生了很大的变化。

玛雅的城市发展

从最初的玛雅城市的出现，到西班牙人彻底地将玛雅文明摧毁，代表玛雅文明的城市几经兴衰，最后隐没在热带丛林中，其中有很多因素，而这些也是大家一直争论的焦点，玛雅文明到底是因为什么原因没落的，特别是公元9世纪前后，玛雅人在中部低地地区发展起来的大量城市群突然被彻底地废弃了。经过近百年的考古发现和文献的破译，玛雅文明发展历程越来越清晰地展现在我们面前，循着历史的痕迹，我们将会有着自身的思考。

城市作为文明重要的特征，玛雅人的表现毫无疑问是极具魅力的，在尤卡坦半岛这片并不开阔的地域里，玛雅人先后建造了二千五百多处城市和聚居点。玛雅的建筑首先是支柱式的草棚，随后发展成土坯结构，最后发展成以石料为主要建筑材料的复杂建筑。

玛雅最早的城市大约出现在公元前1000年，那时候，城市数量相对较少，规模也不大，城市之间的联系也不多，但是最初的城市出现，却预示着玛雅文明进入了全新的发展时期。在这些小城市的遗迹中，我们可以看到金字塔神庙、球场、居住区等建筑的痕迹，这些建筑虽然没有繁盛时期的建筑那么宏伟壮观，那么富有艺术感染力，但是作为玛雅城市文明的初始，它已经有了玛雅城市的雏形。这些城市的建造受到了早期奥尔梅克文明的影响，特别是在金字塔神殿、球场等带有宗教意味的建筑上更带有奥尔梅克文明的印记，不过玛雅人在城市建造上还是发展出了一

美洲玛雅人的花瓶装饰画，描绘手持吹矢枪的猎手吹奏海螺制成的号角，欢庆打猎满载而归。

条独具特色的道路，他们建造的宫殿、金字塔等仪式中心建筑显然已经极大地超越了奥尔梅克文明。

随着玛雅文明的发展，玛雅的城市得到了极大的发展，而它的发展中心也从南部山区高地向中部低地地区转移。在公元250年到公元900年期间，玛雅文明进入了古典全盛时期。在这段时间里，玛雅的人口急剧膨胀，玛雅城市建设规模空前。在整个玛雅地区，规模较大的城市就有几十座，而规模较小的城市则有几百座之多，这些城市之间的关系也更加密切，他们或者形成某种联盟，或者因为某种原因而发生战争，但是相对来说，各个独立的城邦似乎更加热衷于自身的发展，而不是相互之间的掠夺和占有。有研究表明，这一时期很多的战争只是为了获得俘虏，用作人祭，而事实上，战争的起因或许更多的是因为利益冲突。玛雅的各个城市分属于各自的首领，这些城市之间在很多时候有着从属的关系，一方或许要向另一方纳贡，如果在某个时候力量的关系发生了改变，那么就有可能爆发战争，确立新的从属关系。

玛雅古典时期城市建造进入了空前的繁荣期，规模庞大的仪式中心是城市建筑的主体，仪式中心一般都会包括金字塔神庙、宫殿、球场、纪年石柱、大型广场等建筑物，而城市的外围是聚居区，大量的手工业者和平民居住在这里。在这一时期，有些城市人口规模达到了十多万，庞大的人口有着复杂的分工，有的从事商业贸易，有的从事手工艺制作，而更多的人或者一生都在参与金字塔神庙的建造。

在城市建设上，玛雅人用极其简陋的黑曜石工具来建造规模庞大、富有艺术气息的玛雅建筑，这所要耗费的人力、物力是难以想象的。这种力量源于玛雅人有效的组织，更在于他们对神的崇拜，而玛雅发达的农业所提供的丰富的物产以及每年六七个月的农闲期也为城市建设提供了足够的物质和人力支持。玛雅的农民在农闲时节大规模地被组织起来修建祭祀场所，而手工业者和商人则多半会通过提供物质的方式来参与建设，国王和贵族还有祭司则是建造的组织者。事实上玛雅人建筑规模庞大的仪式中心只是为了服务于国王和贵族，祭司们则拥有这些建筑物，他们作为神的使者有着极大的特权，而普通百姓却要为此付出血汗，但在古典时期的数百年里却没有关于玛雅人因为不堪重负而发生暴动的记载。

公元900年前后，玛雅人突然放弃了中部低地区域，不计其数的城市被废弃，这些巨大的金字塔神庙再也没有人来组织祭祀活动了。而此时北部干旱贫瘠的尤卡坦地区却繁盛起来，从墨西哥南下的托尔特克人在奇琴伊察建立了规模庞大的城市，这个巨大的城市在建造过程中虽然受到了外族文化的影响，但巨大的金字塔神庙、球场、天文台、纪年石柱等依然秉承了玛雅文明的独特风格。有人认为奇琴伊察的建造和形成是中部低地区域大量人口迁移到北方地区的结果，而大量的人口迁入也使得北方地区的危机日益严重起来，干旱使得玛雅人不得不面对饥饿的威胁。

这一时期玛雅人对羽蛇神的崇拜更加活跃，玛雅人往圣井投入活人进行人祭也正说明了玛雅生存的自然环境已经不堪重负了。恶劣的环境使玛雅人加强了和神灵的沟通，他们希望神灵可以帮助他们解决所面临的困境，但事实上神灵并不会给以任何的帮助，而祭司阶层的地位也在慢慢被

历史断面

玛雅人的贸易

玛雅人的贸易路线漫长，且多半要穿越浓密的热带丛林，这使得长途贸易变得十分困难。一直以来，玛雅人既没有驯养牲畜，也没有发明车辆，这使得货物无法大量运输，通常情况下玛雅人靠人力来运送。搬运夫通常会将货物驮在背部，每个人可以根据自身的情况负重一百斤或者更多在丛林里穿越五六十里。除了通过陆路人力负重运送货物外，玛雅人还通过水路运输将货物送达各地，玛雅人使用独木舟作为运输工具，它可以顺利地穿行在各种狭窄而复杂的水域，并抵达目的地。玛雅人使用的独木舟两边高中间狭长，多是由一整段树木凿刻而成的。

削弱，新的力量的兴起使得社会变得更加复杂，而战争和内乱也加速了玛雅文明的衰亡。奇琴伊察在兴盛百年后便没落了，随后玛雅文明的中心转向了玛雅潘，在玛雅潘，玛雅人虽然极力想恢复往日的繁盛，却显得力不从心。在这一时期，玛雅的城市建设的数量、规模以及建设水平已大不如前，作为王权象征的纪年石柱的建造也被废弃多年了，此时玛雅文明已不再有昔日的辉煌。

玛雅后古典时期的城市建设多带有防御性质的围墙，有的甚至有护城河，而一些小城干脆就建设在易守难攻的高地或者山顶上，这和繁盛时期玛雅的城市建设在开阔的平地上，没有任何防御措施相比已经截然不同了。这一时期，人们对于王权的崇拜开始淡化，权力在某种程度上发生了转移，更多的人参与到了重大问题的决策中来，特别是掌握财富的新兴贵族阶层。

由于君王及祭司阶层的权力的弱化，加上生存环境的不断恶化，玛雅人生存的压力越来越大。这一时期，战争十分普遍，各个城邦之间，为了获得纳贡，为了打通贸易通道，为了掠夺更多的资源而发动持久的战争，这使得原本脆弱的玛雅文明雪上加霜。到了18世纪中期西班牙人先是摧毁了阿兹特克人建立的帝国，接着他们又盯上了玛雅这个神秘的国度，在西班牙人多次的入侵作战后，玛雅文明最终覆灭，而这个辉煌的国度也一度淡出了人们的视野，直到19世纪人们才开始关注玛雅，并对其进行了一系列的研究和发掘。

玛雅的贸易活动

玛雅人进行的贸易活动可以追溯到前古典时期，在这一时期，贸易活动的路线主要分布在太平洋沿岸。各个规模较大的聚居点通过贸易通道获得燧石、黑曜石、陶器、食盐等物品，在这一时期，贸易规模相对较小，而且多半都是在玛雅地区内部进行交换，比如低地地区的可可豆和食盐可以用来交换高地地区的玉石和黑曜石工具等。这些小规模的贸易活动加强了各个地区的联系，使得玛雅城邦的发展更具活力，一些新的技术和文明得以传播，而相互的促进使得玛雅文明加快了发展的步伐。

到了古典时期，贸易的中心已经转移到了中部低地区域，这时候玛雅各个城市之间的贸易活动已经十分频繁，更多的生活和生产用品在贸易中被用来交易，而墨西哥和巴拿马等地的物品也通过贸易渠道传入玛雅地区，玛雅人所需要的玉器、黄金等贵重物品为王族使用，而精美的陶器、黑曜石工具、燃料、烟草、盐、蜂蜜等则为更多人所喜欢。

在各种贸易活动中，有专门从事贸易的商人，他们拥有一定的财富，而且往往通过长途贸易来获得丰厚的利润。在长途贸易中，贵重的物品是交易的主要货物，比如只在玛雅东边才有的翡翠碧玉，就是玛雅的君王和贵族阶层最喜欢的宝物，而产于玛雅山区的奎特查尔凤鸟羽毛，则是玛雅上层人物装饰头部时必不可少的物品。

在交易中可可豆是十分重要的物品，不管是在墨西哥还是在玛雅地区，这种神奇的果实制作的饮料都备受欢迎，贵族和君王常常用它来招待贵客，而祭司则把它作为贡品祭祀神灵。值得一提的是，在很长的一段时间里，可可豆还和贝壳等物品作为货币来使用。在西班牙人进入玛雅地区后，玛雅人甚至阿兹特克人依然把可可豆作为货币使用，比如一只兔子可以值10颗可可豆，工人的一次近距离搬运可以获得20颗可可豆的报酬等。除了玉石、羽毛、可可豆外，沿海地区出产的珊瑚和贝壳，还有鱼刺等物品也作为交易品在各地流通。

贸易推动了城市的发展

长途贸易作为重要的财富来源，一直以来都被王族控制，虽然王族成员本身不参与贸易贩运的过程，但是他们却可以通过对贸易通道的管辖来获得利益。在大宗物品和奢侈品的交易中获得巨额利润的商人也成为富有的阶层，并影响了玛雅的政治经济发展，使玛雅各个城邦的中央集权得以形成。一些地处贸易通道上的城市，因为贸易而繁荣起来，却也因为贸易路线的改变而衰亡，这样的例子在玛雅文明发展的过程中并不少见，这也可见贸易在玛雅文明的发展进程中所产生的重要作用。

在长途贸易的推动下，一些地处重要位置的城市兴盛起来，比如蒂卡尔城地处中部低地区域，盛产可可豆，而南部奎特查尔凤鸟羽毛和东部的玉石也把这里作为中转站，销往各处，蒂卡尔城作为一个集散中心，它发展成了玛雅最大的城市。在玛雅西边的帕伦克则是另一个商业枢纽，通往墨西哥的商品都在这里集聚，而东边的另一个大城市玛雅潘的兴盛也得益于它独特的地理位置。在古典时期，玛雅人已建立起了一个广泛的贸易网络，它的范围向南可以到达巴拿马，向北到达了墨西哥中央地区。玛雅社会发展虽然处于石器时代，但是贸易和城市建设显得异常活跃，贸易圈的形成和兴盛在某种程度上促使玛雅的文明发展达到了令人惊叹的高度。

> 尤卡坦半岛上的玛雅古城遗址，建筑雄伟，布局独特，保存完整。

VISIBLE HISTORY OF THE WORLD

关键词：跨商业 / 货币交换 / 可可豆 / 巧克力

独特的货币可可豆

▪ 约公元前2500年开始

繁荣的商业使玛雅诸城邦连接为一个统一的整体，也使玛雅文明能够更富有活力与创造力。而要支撑起繁荣的商业，货币必不可少。与其他古典文明不同的是，玛雅独特的货币为可可豆，可可豆不仅成为繁荣商业的种子，同时也成为日常生活中香浓的饮品。一粒小小的可可豆可以让我们从一个细微的侧面近观玛雅文明。

繁荣的商业

玛雅地区的自然资源分布并不均衡，不同城邦间的货物交换因此十分重要。如果没有通畅发达的贸易网络，那么，玛雅文明就很难作为一个整体存在。同时，玛雅人并非只是在玛雅城邦之间进行贸易，社区居民也向外活动，经常到达相当远的地方，以获取他们需要的原材料和其他物品。

根据运输距离、货物数量、商品种类的不同，玛雅人的贸易活动有许多等级。在乡村市场上邻里之间剩余食品的买卖流通，例如几十个鸡蛋或一袋玉米，是当地贸易；对来自可能属于不同生活区的某个社区或者由不同专业工匠制作的商品则构成地区贸易；产地受到限制但是需求广泛的货物在几个地区的销售活动，属于远途贸易。

^ 可可豆

建筑上有很大用处也易于雕刻装饰的石灰石，打制石器的好原料黑曜石，用于制造碾磨工具的火山石，生活中必备的盐，用于烧香敬神的树脂，用作药材和香料的各种植物，用作装饰品的漂亮的鸟类羽毛，以及各种仪式中所需的贝壳、珊瑚以及蜂蜜、陶器甚至武器等，都是玛雅贸易中的常见货物。玛雅社会还出现以贸易为主业的商人阶层，甚至玛雅人在宗教上还有商人保护神。

繁荣的商业促成了玛雅文明的兴旺，而商业能够得以繁荣，就需要有能够流通的货币，与其他文明不同的是，玛雅人的货币不是金银，也不是贝壳，而是可可豆。

独特的货币

可可树原本就生长于中美洲的热带雨林之中，属于常绿乔木。可可树的果实可可果，形状像橄榄球，长度约为20厘米。可可果外壳厚实，果肉为白色，果肉中的种子就是可可豆，每颗可可果含有40至50粒可可豆。玛雅人既采摘野生的可可豆，也带回可可树种子，在自家的庭院里栽种。

玛雅各城邦的贸易是以物易物，目的是满足生活所需即可，而不是要获得金钱本身，因此玛雅人并不是要严格规定货币本位，而是把贸易中比较受青睐也便于携带的物品用作象征性货币。可可豆就经常性地作为象征性货币。

有人可能会产生疑问，可可豆作为货币，那岂不是谁家种的可可树多，或者谁采摘到的家养或野生可可豆多，谁就拥有了巨额财富，而不必从事其他的辛勤劳作了？实际上，不仅玛雅人的货币观与现代人不同，他们使用货币的方式也与现代人不同。尽管玛雅的一些资料并未提及可可豆具体的使用方法，但是学者们经过研究，得出的结果是，可可豆很可能只是一个便于计数的交换单位。比如说，一只兔子约值10粒可可豆，一件工具约值30粒可可豆，那么就可根据10粒可可豆与30粒可可豆之间的比例关系，确定需要用3只兔子去交换一件工具。

拥有多少可可豆并不能成为财富的象征，因为可可豆本身并不能直接用来购买货物，所以可可豆除了能够发挥货币的作用外，还会被用来制成香浓的巧克力。

最早的巧克力

在玛雅古城科拉的墓葬中，考古学家意外地发现了一个2600年前的陶

制作巧克力的玛雅人

在古代墨西哥，玛雅人用可可做原料，加上辣椒等搅和在一起做成苦湿辛辣的汁液，把它称为“诸神之美食”，这便是最初的巧克力。

罐，这个陶罐中残留着的物体让考古学家大吃一惊。通过实验室的分析，这些残留在陶罐中的物体很可能是最早的巧克力，而考古学家也在附近的村落里找到了人工种植的可可树。

可可树在玛雅人生活的热带丛林中并不少见，玛雅人最初只是从丛林里采摘野生的可可果，慢慢地他们发现这种果实可以用来制作美味的饮料，于是他们便将可可树移植到居住地附近，有些可可树甚至栽种在他们的庭院里。玛雅人制作的巧克力饮料和现在差别很大，他们先把成熟的可可果采摘下来，发酵后晒干了，再放在火上烘烤，这样可可豆就出来了。玛雅人把烘烤好的可可豆弄成粉状放入陶罐，加入水，接着加入辣椒、玉米粉等这些独特的调料，使它成为糊状，接着便反复地摇晃，直到液体充满泡沫，这样具有独特风味的液体巧克力就做好了。当然这种被玛雅人称作“神的饮料”的液体巧克力并非如我们今天吃的巧克力这样美味，事实上，古玛雅人的巧克力饮料有点苦辣，不过这并不影响巧克力所拥有的浓香和它带给人独特的幸福感。玛雅人为了让他们的巧克力饮料喝起来更加美味，通常还会在巧克力饮料里加入蜂蜜，玛雅人是出了名的养蜂能手。

在古玛雅时期，玛雅人就用可可豆制作了液体的巧克力，并用于祭祀神灵。在玛雅人看来，液体巧克力是众神的饮料，是献给神的最好礼物，而在古阿兹特克人看来，液体巧克力是用来“俘获女人芳心”的最好的饮料。而现代的科学实验也证明，含有大量的苯乙胺的巧克力能让人心情更加美好，甚至有一种甜蜜的感觉，因此，恋爱中的男人总会选择巧克力作为礼物送给自己喜欢的女子。

玛雅人是否也用这种液体巧克力博取女子的欢心我们不得而知，但是他们用液体巧克力博取神灵的欢心却是不争的事实。古玛雅人在供奉神灵的时候，往往会把液体巧克力作为非常重要的一种贡品，考古发现，在玛雅人的壁画和陶器上有不少向神和统治者供奉用可可豆制作的巧克力饮料的图案，这些图案真实地反映了玛雅人使用巧克力饮料的场景。

巧克力饮料在玛雅是一种奢侈品，它是统治者才能享用的饮料，在祭司和贵族的聚会中，主人往往会准备巧克力饮料来招待贵客。贵族和祭司在宴会中拿着杯子畅饮巧克力饮料，他们的精神显得十分愉悦，这时候他们还会点上玛雅盛产的烟叶，吞云吐雾一番，这些上层人物在这种欢快的气氛中谈论建造仪式中心等事情，在他们看来，这一切都是神灵的赐予，是上天给他们的福祉，事实上他们对百姓的生活丝毫不关心。在考古发掘的一处玛雅壁画中，玛雅人甚至进入天国之后也要备有液体巧克力或者可可豆，这是因为玛雅人认为可可豆是人与神之间的通灵者。

历史断面

玛雅人的蜂蜜

野生的蜜蜂在尤卡坦半岛地区各处都有，玛雅人常常可以在热带丛林中获得蜂蜜，满足生活的需要。作为玛雅地区唯一的一种拥有较大甜度的食品，蜂蜜无疑是十分珍贵的，一直以来，玛雅人都通过长途贸易通道将蜂蜜销往各地，并且换回一些重要的物品。在玛雅地区，有一些地方因为生产蜂蜜而出名，其中最为著名的要数圣丽塔了，这里采集的蜂蜜是最受玛雅人欢迎的。因为蜂蜜十分甜美，玛雅人在祭祀神灵的时候往往会把蜂蜜作为祭礼，而在一些地方甚至出现了对蜜蜂的崇拜，产生了蜜蜂神。

玛雅的养蜂人通常都会将一些中空的树干交叉层叠起来，成为塔状，作为蜜蜂的巢穴。养蜂人会将这些中空的树干的两头封住，在其中留一个小孔，供蜜蜂出入。因为玛雅地区的蜜蜂没有尾刺，因而玛雅的养蜂人很容易就可以将蜂房移到另外的地方，而且取蜂蜜也十分方便。当西班牙人来到玛雅地区的时候，他们发现玛雅人养殖蜜蜂非常出色，因此他们便在这里发展了蜜蜂养殖业，并且用蜂蜜制作甜美的蛋糕，获得丰厚的利润。

关键词:数学/天文/历法

独特的数学、天文与历法

■ 公元前3000年

玛雅人的科学成就在数学、天文与历法等方面得到了淋漓尽致的展现，他们在这些方面的成就不仅让今天的人们赞叹，甚至远远超出了今天人们的想象。玛雅人还将自己的数学与天文等方面的知识，巧妙地应用在建筑物上，不仅创造出天象与人工的巧妙和谐，同时也给后人留下了震撼的视觉观感和匪夷所思的谜题。

独特的数学与历法

数学是一切科学的基石。玛雅人有自己独特的数学体系，这一体系中最为重要的两点是0的使用和20进位制。玛雅数字中的0不仅在世界各古代文明中的数字写法中别具一格，而且从时间上看，它的发明与使用恐怕比亚非古文明中最先使用这个符号的印度人还要早一些。有了0的概念，人们不仅能计算多少，还实现了突破，开始计算有无。

玛雅人还有一套自己的计数符号。他们以一个圆点代表1，一横代表5。第一位到第二位采用20进位制，第二位到第三位采用18进位制。因此，4是4个圆点，6是一横加1个圆点，9是一横加4个圆点，10是两横，11是两横加1个圆点，

^ 乌斯玛尔的建筑装饰极其复杂，图中的点阵布局和圆花饰的装饰手法可能是从织布花样上借鉴而来的。与玛雅的许多大型建筑一样，乌斯玛尔的魔法师金字塔还有着深邃的天文学意义。

14是两横加4个圆点，15是三横，19是三横加4个圆点。如果逢20进至第二位，则第一位上就用一只贝壳纹样代表0。现在我们所使用的是起源于印度的10进位制，位数是从左（大）到右（小）的顺序记录的。而玛雅人使用的20进位制，是从上（大）到下（小）的顺序。

玛雅文明的另一个独特性是玛雅的历法。对于文明社会来说，它的统治者为了把一生中发生的事留传给后人，抑或是为了让农业和仪式周期性地举行以及记录天体运动，年历的存在是必要的。玛雅人有三种主要历法，分别是神历、太阳历和长纪年历，堪称世界上最完美的历法。

神历亦称卓尔金历，每年260天，由20个神明图像和1至13的数字，不断组合循环，就像中国的天干地支不断搭配组合，得到260种组合图标，代表260天。这种纪年法不是以地球上所观察到的天体运行情况为依据而测算出来的，以至有人认为，卓尔金历是玛雅人的祖先依据另一个至今我们尚不知道的星球制定的。

太阳历是根据天文测算出来的。一年分18个月，每个月20天，另加5天作为禁忌日，这样全年就是365天。精于星象观测的玛雅人经过长期观察、周密计算，将一年的长度修正为365.242129天，这同今天科学测定的绝对年长365.242198天的数值，相差不足千分之一。更奇妙的是，当神历年轮回了73圈后，便刚好和周转了52圈的太阳年回到同一个坐标上，由此形成一个52年的大周期，这使得玛雅人深信历史会一再地轮回与重演。

长纪年历极适于推算悠远漫长的历史刻度，建立在极其发达的数学思维之上。长纪年历总共分为9个数量等级，从小到大依次是金、乌因纳尔、吞、卡吞、巴克吞、匹克吞、卡拉伯吞、金契尔吞、阿劳吞，分别代表1天、20天、360天、7200天、144000天……最大的阿劳吞共有230亿4000万天，即6300多万年。像这样复杂的历法，在当时其他的文明古国都不曾出现过。用这个计算系统来纪年，玛雅人可以准确无误地记下几千万年中的每一天。按照长纪年历来算，玛雅长纪年历记载的第一天是公元前3114年8月13日。

夜观星象

除了上文提到的三种历法外，玛雅人还有一种太阴历。太阴历即金星历，是指金星环绕太阳一周所用的时间。在《德累斯顿抄本》中就有玛雅人对金星进行观测的最有力证据，其中有6页记录了金星经历65次会合的运转情况，平均长度为584天。玛雅人对“下合”之后“偕日升起”的金星运行情况进行观测，这时金星从地平线上出现，玛雅人将其运行情况划分为四个阶段：从出现到在“上合”之前消失是230天，再次出现之后是90天，作为“夜星”是250天，在新一轮“偕日升起”之前“下合”时的最后8天是看不见的。

玛雅人也意识到金星运行的实际长度是变化的，而且他们测算的近似值584天也有点过长，因此需要加以修正。但是因为玛雅人没有分数概念，他们的修正只能精确到天。玛雅人是这样修正的，在金星运行了61个周期之后，累积误差为4天，于是减去这4天，使得新一轮运行从非常重要的“IAhau”这天重新开始。即便如此，每100年中仍然会有0.88天的误差，于是玛雅人等到累计误差仅为4天时，便将其从金星运行周期中减去。需要指出的是，在玛雅人的时代，不仅没有任何天文望远镜或精密的光学仪器，甚至还未出现沙漏等计时仪，他们竟然能准确地测算出金星历来，实在是不可思议。

同样在《德累斯顿抄本》中，还有关于玛雅人观测日食、月食以及推测日食、月食周期的记录。他们还使用两个260天的周期，即520天，根据日食的发生规律将520天划分为三个几乎相等的时间段，分别为173天、173天和174天。《德累斯顿抄本》还记录了其他行星的“会合”周期，包括木星、火星、土星和水星。

天文与数学的建筑应用

玛雅人总喜欢将自己的数学与天文知识应用于建筑中，也因此给后人留下了相当壮观的自然与人文相映成趣的场景。比如，玛雅人用来确定分日、至日的建筑群，它们位于今危地马拉的乌瓦夏克吞遗址群的标号为E的建筑群，西边是一个大金字塔的观察台，对面是三座并排成一线的庙宇。正对着东方的是一座较大的庙宇，南北两边各有一座较小的庙宇。三座庙宇坐落在同一块由北向南延伸的大平台上。从西边的观察台到东边正中的那座大庙宇之间，有两座小石碑，起到类似瞄准器的作用。以西边台上的观察点为基准，每遇春分（3月21日）和秋分（9月23日），太阳总是在东西向的这根轴线上，也就是在东边庙宇的正背后升起。而当太阳向北移至北边庙宇的北角升起时，正是夏至日（6月21日）。相应地，冬至日（12月21日）的太阳应从南端庙宇的南墙处升起。

在玛雅人的心目中，春分是带来雨季的羽蛇神降临之际，而秋分则是羽蛇神归天而去的时候。为此，可以在遗址的一些金字塔的南北台阶两端看到一些石刻的蛇头，有的大约1立方米。春分和秋分两天，当太阳落入地平线前，西斜的阳光将蛇影和三角形光影投射在地上，宛若一条蛇形。只有这两天里才能看到这种蛇影，预示羽蛇神的来临和飞去，也标志着雨季的开始和结束。

奇琴伊察遗址的“螺旋塔”是玛雅人可能将建筑本身用作天文台的一个更著名的例子，有些学者认为，以对角线形式穿过窗户侧壁的观测线具有天文学意义。某些玛雅建筑的方向性也可能与天文学观念有关，认识到这一点主要不是根据建筑物的实际方向，而是因为更晚的建筑随时代变迁在方向上出现了令人费解的变化。在奇琴伊察遗址，北部建筑群（约建造于公元9世纪至10世纪）的整体方向与年代更早的南部建筑群明显不同。

就较小建筑范围而言，伯利兹北部地区诺赫姆遗址有一座房屋平台，经历两次建筑阶段：晚期建筑是一座长方形墙体结构，坐落在一个两层墩座之上，晚期建筑阶段的年代为公元9世纪至11世纪，早期建筑则建造于古典期的某个时段；晚期建筑的轴线比早期建筑的轴线偏离5°，尽管这样做会增加建造难度。在这处小型院落对面有另一座建筑，它的建造过程和方向变化与这座房屋平台相似。同样是在伯利兹北部地区的库埃罗遗址，有一座经历了两次建筑阶段的小型金字塔，第一次建筑阶段的年代约为公元200年，第二次建筑阶段的年代约为公元400年。属于较晚建筑阶段的梯道和边墙建造在属于较早建筑阶段的较小的金字塔上面，但是轴线向东校正了10°。由此可见，轴线的变化对古典期早段的玛雅人来说一定具有某种重要意义。导致这种变化可能与两种自然现象有关：一种是某些天体的位置变化，另一种是地球磁场的周期变化。第二种解释意味着玛雅人可以使用某种实质上相当于指南磁针的装置来探测地球磁场的变化。虽然目前还没有发现玛雅人的指南磁针，但是近年在位于墨西哥湾沿岸的奥尔梅克文明的圣洛伦佐遗址，发掘出一块磁铁矿石，中间有一道凹槽。如果将这块磁铁矿石漂浮在水盆里，在凹槽中放入指针，其作用就相当于指南磁针，而奥尔梅克文明正是美洲文明的初曙。

关键词：自然力量 / 太阳神 / 玉米神 / 破坏之神

从自然崇拜到多神崇拜

▪ 公元前2世纪～17世纪

人类文明从萌生到发展，总是与宗教崇拜相关联。从最早的自然崇拜发展到后来的多神崇拜，也是大多数人类文明共有的轨迹。在玛雅文明的发展中，出现了形形色色的神，这些神有的是保护之神，有的是破坏之神，但无论是哪一种神，所折射出的都是玛雅人对于自然的敬畏，以及现实环境给他们的发展造成的困境。众神的发现，表达了玛雅人对于和谐安乐生活的由衷向往。

原始的自然崇拜

玛雅宗教最初可能像其他先民一样只是简单的自然崇拜，将能够影响甚至破坏他们生活的自然力量人格化。太阳、月亮、大地、山川、风雨、雷电、飓风、森林、河流等，这些自然力量无时无刻不影响着玛雅人，这些自然环境或力量交互作用构成了玛雅人渔猎生活的背景。

对于自然力量的崇拜并不需要什么特殊的、成型的组织形式，没有固定的祭司阶层来阐释自然力量的作用，也没有一套固定的和精心设计的祭祀礼仪来实现人与自然力量之间的沟通，也无须选定特别的地点来用于自然崇拜。在一切地方，比如庙宇甚至某一家庭都可对自然力量进行敬拜，这时每个一家之主都可以理所当然地成为支持自然崇拜的祭司。当时的家庭或庙宇无非是临时的茅草屋，只需在祭拜之前打扫干净。这种情形直到现代，还能在某些偏远的玛雅部族中看到。

随着农业生产的发展，玛雅居民有了固定的居所和较多的闲暇，宗教意识也开始日益发展。玛雅人的原始崇拜日益体系化，万物有灵的泛神崇拜向较为固定的一些神转变。同时，肩负向普通居民传达并诠释神的意愿等事务的祭司也发展起来，一种对更加像样的宗教场所如宏大的庙宇的需求增加起来。

宗教逐渐发展成为少数人对多数人的事务。定居生活使得较为固定的仪式中心逐渐建成，玛雅人也开始有时间、有能力去建筑和修饰那些需要花费长期艰苦劳动的圣地，并发展出更加精细复杂的宗教仪式。许多个世纪，就在这样的过程中流逝了。在这段时间里，玛雅宗教无疑缓慢变化，个性化的神祇日益成型，祭司集团也在形成，繁复的宗教仪式和精致的宗教圣地逐渐确立。

君主陵墓中的赤陶香炉，其形象为传说中的人祭之神。

太阳神

玛雅人结束了自然崇拜阶段，走入了众神崇拜阶段，但由于人们需求的多样性，神灵的数量也蔚为可观。玛雅各种级别、各种法力的神灵非常多，在这庞大的神族谱系里，被人经常祭拜、祈求的神灵并不太多，大致只有十来个神祇在大多数崇拜仪式中被供奉，而其他神灵只在特殊的场合或极为特殊需要时才被求助。

^ 在乌斯玛尔的雕刻中，雨神恰克的假面是一个重要的题材。

在玛雅宗教中，胡纳伯·库是创世神，但这位造物主由于对人的现实生活影响不大，或是太遥远、太抽象，人们对他的关注不多。玛雅人倒是对这位造物主的儿子——造人的天神也即太阳神伊扎姆纳特别崇拜。太阳神伊扎姆纳似乎是位上了年纪的男性，没有牙齿，古铜色的脸，长着引人注目的古怪的鼻子，间或有胡须，玛雅建筑浮雕上经常单刻他的头。后据学者分析，太阳神造型的基础是鬣蜥，一种在玛雅低地常见的大型陆栖蜥蜴，玛雅人可能觉得其凶残的性格和粗粝的外貌不同寻常。但是太阳神造型也有淡水鳄鱼或者中美洲产的大鳄鱼的外貌特征，偶尔还会出现鹿蹄和鹿角。太阳神是昼夜的主宰，同时也被认为是玛雅文字的发明者，历法和编年方法的发明者。由于伊扎姆纳还常常对付灾荒病害，因而他也以药神的面目出现。总之，他对待人们是非常友善的，他像慈爱的父亲，在天上照看着玛雅人。

月亮女神伊克斯切尔通常被视为太阳神的妻子，关于她的不贞有很多传说。其中一个讲的是她和鹰王私奔，于是太阳神披上鹿皮，躺在地上装死，并派一只绿头苍蝇去告诉鹰们哪里有腐肉。太阳神抓住第一只来吃腐肉的鹰并强迫它带他去鹰王的宫殿，在那里太阳神重新得到了自己误入歧途的妻子。这是一个广为流传的早期传说，在许多古典期晚段的彩绘和雕刻容器上都有描绘。

保护之神

玉米神卡虚在玛雅宗教中也相当重要，因为种植玉米是玛雅人得以生存、发展的重要基础。玛雅人对太空中的金星既畏且敬，因为它既显示黎明破晓，又显示夜幕降临，玛雅人认为金星冰冷的光线会危害生命和庄稼。为避免金星或其他危险的伤害，玉米有自己的保护神，或者可以说玉米自己就是一种神祇。玉米神的形象年轻清秀，通常用玉米作头饰，或者在头部长出玉米叶，仿佛头部就是玉米籽粒。科潘遗址发现的玉米神雕像极为精致，他一只手上抬，手掌张开，另一只手抬得略低一些，双唇张开，表情宁静安详。从他梳向

古玛雅的艺术珍品数不胜数，这些传世之作造型各异，形神兼备，生动异常。

脑后的头发后面长出玉米，他戴着华丽的珠宝首饰——耳饰、手镯和面具垂饰，可能都是玉石的象征。这样，玛雅人认为玉石意味着珍贵的观念及其与正在生长着的玉米的联系就全都在这件和谐的雕塑象征物上表现出来了。

玉米神是个勤俭的神，有时又是森林之神。他有不少敌人，这大概也是玉米生产时常遭遇自然灾害的实际情况在观念中的反映。他出现的场合也千变万化，和雨神在一起时象征着受到庇佑，而与死神同在时象征着斗争很激烈。

风神在玛雅后古典时期出现，是一个部族强人被神化的结果。他与雨神一同出现，为雨神扫清道路。雨神恰克是一位后来居上的保护神，在玛雅后古典时期地位得到提升，他的形象颇为特别，长着尖长鼻子，弯曲的长獠牙一前一后伸出来，头饰是打结的箍带。雨神同时也是风神、雷电神、丰产神，代表着生长。那个从东南西北四个方向，红黄黑白四个大缸里取水行雨的善神就是恰克。由于与玛雅人

农业生产息息相关，他受到了尊敬。

破坏之神

死神阿普切的形象比较可怕，骷髅头、无肉的肋骨、多刺的脊柱。假如他穿上衣服，则用黑圈来代表腐烂。他是第九层地狱的主宰，一个十足的坏神。他总和战神、人牲的符号一同出现，或者与猫头鹰一起出现，被认为与罪恶凶兆为伴。他在病人房前徘徊，为的是猎获可怜的人。

有一位水灾之神，她是一个怒气冲冲的老太婆，她的小瓶子里盛满洪水，她一发怒，就向大地倾倒洪水，对人类进行惩罚。她被画得充满敌意，头上有一条扭曲盘绕的毒蛇，她的裙衩上有交叉骨头的恐怖图案，她的手和脚又像凶猛动物的利爪。

玛雅人常常提到自杀女神伊希塔布，她的性别特征极为鲜明，夸张地描绘了她的胸乳。她的双眼紧闭，意味着死亡；脸颊上的黑点，代表着腐烂。尸身死亡了，但她的灵魂却被天堂上垂下来的绞索接走了。

黑战神曲瓦是黑色形象，黑色代表战争。他的下唇肥大下垂，嘴外圈是红棕色，他的性格具有两重性：作为恶神，他手持利矛，在洪水灾难和残酷战斗、杀俘活动中出现，他还总是与死神有关，在那些献祭场面中，他与死神一同出现。作为战争之神，他一手执火炬烧房子，一手用剑拆房子。作为好神，他像个背着货物游走各地的商旅，大约古代玛雅贸易是武装贩运。特别值得一提的是，他保护着可可树的种植。

巴布卡神

还有一类颇为奇异的神祇，叫作巴布卡神。巴布卡神共有四个，他们两个一对，在奇琴伊察的一座庙宇门洞的上方相向而坐。第一个背上有贝壳，第二个背上有蜘蛛网，第三个背上有龟壳，第四个背上有螺状壳。他们腰里缠着飘逸的布带，模仿蜜蜂的翅膀，他们是养蜂业的保护神。巴布卡神也以建筑之神的形象出现，反映出他们作为天空支撑者的功能。有时他们还驮负着新年之神。巴布卡神连同风神以及其他神祇，都反映了天、地、日、月、风、雨等自然现象的特征和威力。

玛雅神灵的象征意味包罗万象。我们首先应该想到，种种关于神灵的说法，无非都是关于人类自己生存境况的叙述。玛雅人有着各种各样的欢乐与苦恼，他们试图寻求某种超自然、非现实的信仰力量来支撑自己。到后古典期，玛雅人对羽蛇神的崇拜极为盛行，羽蛇神的地位甚至超越了之前一切主神的地位，就是因为人们对于雨水的渴望越来越强烈，少雨的情况给玛雅的诸多城邦带来了现实的困境，所以玛雅人将羽蛇神的地位大大提高了。

中美洲阿兹特克神话：龙舌兰女神玛雅修尔坐在龙舌兰酒坛旁边。两条蛇环绕着酒坛，左下角一根棍子插着一颗人的心脏，左边的人在品尝龙舌兰酒。

VISIBLE HISTORY OF THE WORLD

关键词:奇琴伊察 / 圣井 / 神使

圣井神使传说

■ 12世纪～17世纪

在玛雅人的宗教之中，不只众神得到了供奉与膜拜，有一口井也被看成是圣井，并有着圣井神使的传说。当探险发现印证了传说的真实时，人们发现现实远不是传说中的那种浪漫，而是充满了血腥甚至蒙昧，这是玛雅文化中幽隐的一面，同时也折射出了圣井地区玛雅人生活的艰辛与对自然的依赖。

奇琴伊察的圣井

奇琴伊察是玛雅的重要古城遗址之一，若逐字转译，就是“伊扎人的井口”的意思。奇琴伊察地处尤卡坦半岛北部，属于干旱地区，生存的最重要问题是水。人们最担心的就是天不下雨，水源主要靠由石灰岩层塌陷而形成的天然井，所以奇琴伊察城市的繁荣依赖大型石灰岩蓄水井。同时也因为缺水，玛雅宗教中的雨神恰克日益受到崇奉。正是因为玛雅人对水、对雨以及对雨神的迫切需要，才出现了圣井神使的传说，圣井神使传说正是源于玛雅人对圣井的献祭活动。愈演愈烈的献祭活动规格越来越高，甚至出现了血淋淋的人祭。

奇琴伊察有两个大型的天然井，井口开口呈50米至63米的略不规则的椭圆，井口到水面的距离有二十多米，水面到井底也深二十多米。这两口井对于奇琴伊察人来说性命攸关，因此奇琴伊察人对这两口井倾注了复杂的情感，并把其中的一口奉若神灵，顶礼膜拜。这口井获得了“圣井”“雨神之家”等头衔，这口巨大的养育民众的井让玛雅人对其充满了敬意，甚至将其神化。

为了表达对雨神的崇拜，玛雅人在圣井边用大理石建造了一座宏伟高大的神庙。这座神庙呈金字形，底边长几十米，高30米，在神庙顶部还用大理石盖了一座小庙，并且在神庙与雨神居住的圣井之间，还铺设了一条宽四五米，长四百多米的石墙。神庙两侧的边墙下端各雕刻一座羽蛇神“库库尔坎”的神像。

圣井“吃人”

据传说，玛雅人有这样一种风俗，每逢饥荒、瘟疫、旱灾等情形出现时，就认为雨神发怒了，为了安抚雨神，就要

玛雅圣井

把活人投进井里，玛雅人将此看作是请活人前往“雨神之家”去询问雨神的谕旨。这个神使一般都是十四五岁的美丽少女。每逢祭雨神的那一天，附近城邦的人从各处赶来，聚集到奇琴伊察，为美丽的少女送行。

那位被选出来的美丽少女穿上华丽的服装，静候在神庙里。站在她身旁的是一位被选出来的青年勇士。他身着华丽的铠甲，手执金黄色的大刀，头戴插有羽毛的战盔，准备护送少女去往雨神的宫殿。东方既白，祭神的队伍伴随着海螺号声，跟在祭司的后面，从神庙向圣井走去。走完长长的石路，来到圣井旁的祭坛，当晨光初照时，祭司开始向雨神祈祷。

伴随着鼓声，六个祭司一边唱着祭歌，一边抓起少女的手脚左右摇摆起来。鼓声越来越响，频率也越来越高，少女被左右摇摆的弧度也越来越大。当鼓声、笛声和歌声达到高潮时，六个祭司同时松开双手，少女翻转着被高高地抛到空中，然后一头扎入黑洞洞的圣井里，与此同时，少女的卫士也跳入井中，祭祀仪式到此结束。

为了取悦雨神，人们还把自己所认定的一切好东西都投进圣井，不仅有金银玉珠，还有刀斧贝雕等。有一个牧师，在他所著的《尤卡坦半岛记事》一书中这样写道：“如果说这个国家有黄金和财宝，不言而喻，都埋藏在这口圣井里。”

生还的神使

玛雅人通常是在清晨把作为人祭的少女投进井里的，如果她摔进水中很快被溺死，那么人们就感到非常失望。他们会哭号着一起向水中投石头，因为神灵已经把不祥的预兆昭示给他们。这种用活人祭水中神灵的做法，可以在不少民族中见到，中国古代为河伯娶妇的故事也无非如此。假如从清晨到中午，井中的人还侥幸活着的话，那么上边的人就会放下一条长绳，把幸存者拉上来。当然，被作为祭品的不只是少女，有时候男人也会成为神使。在玛雅历史上有一位著名的从圣井中生还的神使，他就是男人，名叫亨纳克·塞尔，生还后备受崇敬。

12世纪后期，这位名叫亨纳克·塞尔的男子因投井不死而被奉为神使。他甚至做了玛雅潘的最高掌权者。亨纳克·塞尔经过验证的神使身份，使他成为玛雅政治史上不可多见的显赫人物。他把玛雅潘变成了尤卡坦半岛上最强大的城邦国家，而且他的帝国化努力也有了初步成果。1194年，亨纳克·塞尔的玛雅潘武装攻占了奇琴伊察城，血腥地镇压了当地居民的反抗。接着，他又征服了另一重要城市乌希马尔。玛雅奴隶制政治实体的雏形已经呼之欲出，甚至今天我们把几十万平方千米的土地称为玛雅地区，把共有同一类型文明的这些人称为玛雅人，都应归为神使亨纳克·塞尔给玛雅潘这个城市奠定的重要地位。

这位圣井中来的神使由于自己并非贵族出身，所以给玛雅潘添加了世

玛雅的金字塔群

俗的色彩。除了建造高大的祭祀坛庙之外，他还全力修建世俗权力人物的豪华宫殿，其中包括复杂的立柱厅房，众多舒适的房间，装饰华美，设施齐全，以宫殿命名。这种世俗性的大型建筑在玛雅地区的众多遗址中是较少见到的。玛雅潘的统治大权落到了非世袭的世俗军事新贵手中，这使玛雅社会的组织体系、社会性质发生了微妙的质变。或许可以做这样的猜想，玛雅潘的政治领袖亨纳克·塞尔其实并没有那一段神奇的经历。所谓从奇琴伊察圣井中死里逃生的故事，是他编造出来的，用以证明他统治的合法性。这是不难想见的惯用伎俩，古今中外类似的事例不胜枚举。玛雅人的神秘宗教文化需要这样的神话，他们的人民甚至会自觉自愿或下意识地为他们的军事政治强人编织一段神使的传说也说不定。

望着玛雅潘遗址宏伟厚实的城墙以及6个带城楼的城门，还有城墙内大大小小近4000个建筑的遗存，人们不禁要问它们的缔造者亨纳克·塞尔，究竟是因为来自圣井才有资格和力量开创出这个大局面，还是由于开创了玛雅历史空前的规模才被视为神使呢？到了后古典期，玛雅统治阶层的地位变得不太稳固，原本天经地义的君权世袭体制受到质疑。社会上暴富的新强人也开始染指最高权力。由于与历来的传统不合，这种做法就需要加以修饰，编造政治神话以争取大众的支持也就变得天经地义了。

被证实的圣井传说

16世纪中叶，尤卡坦半岛被西班牙人科尔特斯率领的军队占领，玛雅帝国也随之灭亡，从那以后，再也没有人搞祭神活动了。圣井附近也逐渐萧条起来，最后完全被荒野丛林淹没。后来有一个人，相信了那位牧师的话，确信圣井里一定有无数的金银财宝，并且准备对圣井进行探险。这个人就是从1885年开始，连续25年任美国驻尤卡坦半岛的领事爱德华·汤普逊。

他对玛雅遗迹的研究有着40年的历史。他从朋友那里借了一大笔钱，买了一台掘泥机，还学会了潜水术，就这样挖掘起圣井来了。最初几天，挖掘出来的都是污泥，后来终于发现了金盘子和玉器，最后挖掘出许多青年男女的骨骸。这就是那些少女和勇士们的尸骨。汤普逊把圣井里的污泥挖干净以后，穿上潜水衣潜入井底，他发了横财，把挖掘出来的东西收集到一起，足足装了十几筐。其中有5个黄金制成的金钵和金杯、20枚金戒指，还有几桶金器等。1903年，汤普逊把从玛雅人神庙和圣井里发掘出来的宝藏公布于世。1967年至1968年，墨西哥考察队又从圣井中捞出一些人工制品珍宝，现收藏于墨西哥各地的博物馆里。神使的生还故事虽然传说的意味很浓，但汤普逊等人的探险发现用事实证明，玛雅人向圣井进行人祭并投入财宝是确真无疑的，这将玛雅文化幽隐的一面展现给了世人。

玛雅奇琴伊察观象台

奇琴伊察观象台是玛雅建筑中极为重要的一座，塔高12.5米，圆顶观象台建在两层高台之上。和库库尔坎金字塔一样，高台上面台阶的位置，是经过精心计算后才决定的，与重要的天象相匹配。台阶和阶梯平台的数目分别代表了一年的天数和月数，52块雕刻图案的石板象征着玛雅历法中52年为一轮回。

关键词：羽蛇神 / 神权 / 创世传说

玛雅后期的羽蛇神崇拜

■ 公元9世纪～17世纪

玛雅文明是一个充满了神权色彩的文明，甚至一度有人认为玛雅社会是诸神的天下，有神治而无人治。当然近期的研究已经显示玛雅还是存在完备的王朝政治体系和强大的国家机器的，但以天地主神伊特萨纳姆等为代表的众神在玛雅的社会生活中还是占有很重要的分量。而在这诸多神中，被后古典期的玛雅人广泛信奉的羽蛇神库库尔坎是其中最著名的，也是最有传奇色彩的。

蛇神缘起

羽蛇神库库尔坎并不是玛雅人原创的天神，而是玛雅在被来自北方的托尔特克人统治时带来的舶来品。在那里它的名字被称为“奎策尔夸托”，后来的阿兹特克人也继承了这种叫法，其中“奎策尔”在古印第安语中是“鸟羽”的意思，而“夸托”则指的是“大蛇”，所以中文意译过来将其统称为“羽蛇神”。

而这位羽蛇神存在的意义则是，它是第一个凌驾于部落和种群之上，被当时中美洲各个文明共同信奉的尊神。这位统一神的存在有力地消弭了不同族群之间因为信仰的分歧而产生的矛盾争端，促进了彼此的贸易沟通与和平往来，可谓善莫大焉。

可以与之类比的就是当年中国北方的游牧部落，不管是蒙古人、突厥人还是女真人，都共同地信仰“长生天”（腾格里），不同部落见面打招呼喊一句“长生天在上”，亲切感油然而生，彼此距离也就拉近了。

可是玛雅人的文明发展水平一贯是凌驾于周围的部落之上的，他们怎么会如此心甘情愿就接受了这个来自北方的“野蛮”的侵略者所带来的神呢？

原来这羽蛇神在玛雅文化中是有其渊源的，早在古典时期的玛雅文化中便有一个名为“瓦克萨克拉胡恩·乌巴·肯”的蛇神形象，代表的是战斗之神。而后古典时期又有一个“幻象蛇”的概念，玛雅人通过宗教仪式可以产生一个蛇形的幻象，透过这幻象蛇可跨越宇宙各层，帮助它们与众神或祖先沟通。但是这都是其次的，其实库库尔坎之所以能够后来居上，成为玛雅人后古典期信奉的主要神祇，主要还是羽毛蛇的形象与玛雅人心目中的创造与毁灭之神——伊特萨纳姆有某种关联。

伊特萨纳姆的进化史

伊特萨纳姆在玛雅人心目中是万神之首，是天地的创造者和守护神。他同时又教会了人类书写和历法，也是祭司的保护神，这时候其形象为一位和蔼的没牙老人。玛雅人真诚地相信这位老人是善的化身，把他与最重要的农业神——雨神恰克一起膜拜，又因为伊特萨纳姆实在太神通广大了，玛雅人有时又认为雨神也是他的一个分身，其形象颇类似中国庙里供奉的龙王爷——也是龙头人身，但也有人认为这是鳄鱼头上面插了鹿角，因为鹿和鳄鱼是玛雅人熟悉的两种动物。

同时这位创造之神也是毁灭之神，玛雅人认为世间万物有始有终，当一个世界历经沧海桑田之后终将气数已尽，这时候的伊特萨纳姆就会化身为一条长长的巨蛇飞上天空，从口中倾泻出滔天洪水，毁灭这个世界，然后再造新篇，重新开始另一个轮回。

后来，这个轮回的学说被玛雅的世俗统治者利用，为玛雅的王权更替提供了说法——老王驾崩是被伊特萨纳姆收走，新王登基则是伊特萨纳姆的再造。到国王库库尔坎的时候，这种“君权神授”的思想被发扬光大，库库尔坎王干脆自称为伊特萨纳姆的化身，这与中国皇帝自我标榜为“朕乃真龙天子”有异曲同工之妙。

身为天子，自然要有杀伐决断的威势，所以腾空大蛇、毁灭之主的形象多次作为国王库库尔坎陛下权力的化身被强调。等到后来北方那条神通广大、会腾云驾雾的羽毛蛇奎策尔夸托传入玛雅的时候，玛雅人下意识地称它就是“库库尔坎”。

于是伊特萨纳姆完成了进化，从主宰天地的大神变成了世俗统治者在人间王权的象征。这其实显示出了人类政治文明进化的一个共同趋势，以祭司为代表的神权越发削弱，而以国王为代表的世俗权力越发强势。但这一阶段的玛雅文明在尚未完成由神权向王权完整过渡的时候，就因为生产资料耗竭而衰败了。

所以说后古典期玛雅人的羽蛇神库库尔坎，与他北方邻居的“奎策尔夸托”，既相同又不同，玛雅人只是采用了羽毛蛇的形象，将它与天地之神伊特萨纳姆融合，创造了这样一个后期的主要神明。

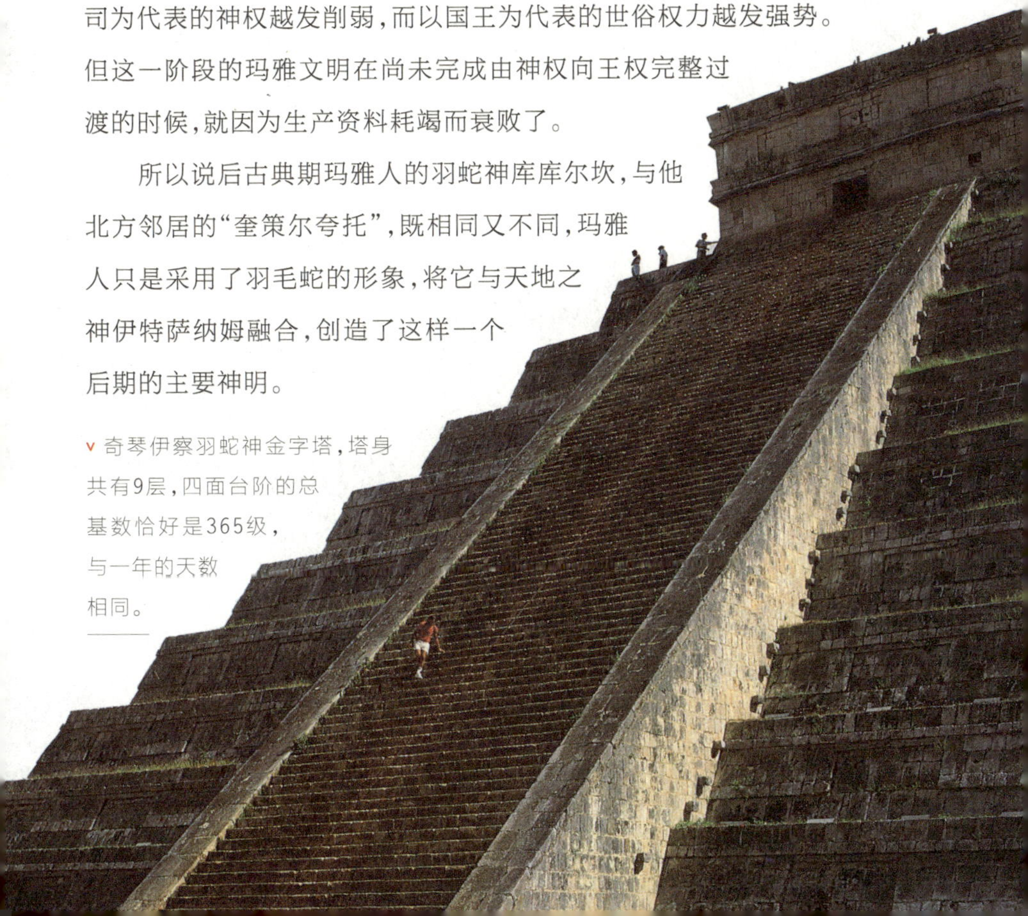

奇琴伊察羽蛇神金字塔，塔身共有9层，四面台阶的总基数恰好是365级，与一年的天数相同。

< 羽蛇神是玛雅人最为崇敬的神，在现今留存的最大的玛雅古城奇琴伊察中，有一座以羽蛇神库库尔坎命名的金字塔，在金字塔的北面两底角雕有两个蛇头。

丰收之神

在羽蛇神信仰真正兴盛起来的后古典期玛雅文明，区域中心已经从中美洲的热带雨林转移到了相对干旱的今天墨西哥的尤卡坦半岛一带，以前在丛林中并不匮乏的雨水资源开始变得难得，这使得作为玛雅文明支柱的玉米种植业受到了很大的影响。由于传说中羽蛇神能够带来雨水和丰饶，于是他越发受到玛雅人的崇敬，本来只是主神伊特萨纳姆“副业”的呼风唤雨这一神通开始凸显，反而成了玛雅人对羽蛇神最主要的信仰。

现在仍矗立在尤卡坦半岛上的库库尔坎金字塔便是这一思想的最直观的体现，这座直接以羽蛇神名字命名的金字塔是奇琴伊察古城中最高大的建筑，它从下到上有9层相叠，高达30米，塔基为四方形，越往上越小，四周各有91级台阶通向塔顶平台上的神庙，十分陡峭难攀。

该建筑最奇妙的是北面台阶入口的两底角处各雕有一个蛇头，在每年的春分日，当日落偏西到某个角度时，阳光斜射，阴影遮住金字塔台阶断面，投射出呈波浪形的长条，并与阶梯底部的一个蛇头雕像连成一体，随着落日角度的变化，光影自下而上浮动，形成一条极富动感的飞蛇，活灵活现有如羽蛇神降世。每年秋分，这一景象重现，只是蛇影游动的方向相反，象征着在这天羽蛇神飞升。

^ 阿兹特克嵌绿松石双头蛇，来自墨西哥，创作于1400年～1600年，现藏于大英博物馆。

据说这种场景每年只能在这两天内看到，而春分时恰恰是尤卡坦半岛雨季到来开始播种玉米的时候。玛雅人借助其发达的天文学知识和精湛的建筑工艺，利用这座金字塔巧妙地表达了羽蛇神与雨水同来，带来丰沛富饶的信仰。同时羽蛇神一年一度的降世和飞升奇观也能够准确地提醒玛雅人把握农时，及时播种和收获。如此集神圣的信仰和实用主义于一身，库库尔坎金字塔绝对称得上玛雅人千年智慧的结晶。

创世传说

在掌管风、水、收获的同时，羽蛇神同样继承了伊特萨纳姆的创世神地位，在后古典期的玛雅人心目中还是带来死亡和重生的神。这里就要提到玛雅人文献中记载的“五大预言”，即玛雅人认为人类社会已经经历了四次毁灭和重生周期——每一周期即所谓的“太阳纪”，均由这位神通广大的羽蛇神所主导。

其中第一个太阳纪是马特拉克堤利，最后被羽蛇神飞临空中降下的洪水所灭。第二个太阳纪是伊厄科特尔，羽蛇神用狂风把它吹得四散零落。第三个太阳纪是奎雅维洛，因这位天神降下火雨而走向毁灭之路。第四个太阳纪宗德里里克则更加悲惨，羽蛇神降下火雨同时又引发了大地震，导致灭亡。

待一切破坏殆尽后，羽蛇神穿过黑暗世界，收集“上一世”人类的骨骸，回到地面上之后，将自己的血洒在骨骸上并让他们复活，从而创造了第五纪也就是我们当前所处的太阳纪。

在这一纪，羽蛇神给人类带来了玉米，又创制了历法和文字，人们在这位仁慈的大神统治下过着天堂般的生活，直到有一天，黑暗之神用一个邪恶的阴谋毁掉了这一切，人类社会从此陷入混乱、衰败和战争之中。羽蛇神对这一切感到痛心疾首又无可奈何，只好愤而踏上一条由蛇编成的筏子，向东漂流而去，留下训诫说除非有一天众人改过自新，他才会重新驾临，再度造福人间。

惶恐的玛雅人为了平息这位羽蛇神的怒火，同时也为了纪念他在创世纪时为人类做出的巨大牺牲，决定用鲜血来祭祀这位大神，而且认为血流得越多，祭典就越隆重。但这一习俗应该是在经历了与北方的托尔特克人带来的文化融合后才有的，因为在玛雅文明的前古典期和古典期，虽然有鲜血祭神的传统，却没有如此大规模的活人献祭。

但是羽蛇神终究没有归来，倒是几百年后的东方，一群白皮肤的西班牙殖民者浮海而来，笃信羽蛇神的印第安土著确信这些留着胡子的人就是传说中羽蛇神的后裔，是不可战胜的。这种宗教似的恐惧大大方便了西班牙人对印第安人的屠戮和毁灭，他们祖祖辈辈所供奉和祭祀的羽蛇神，居然成了开门揖盗的帮凶，历史就是这样跟印第安人开了一个大玩笑！

v 美洲玛雅遗址亚克斯切兰废墟横楣上蛇的造像。

关键词:暗语 / 政治领袖 / 阶级制度

通过暗语产生的政治领袖

■ 公元4世纪～17世纪

与发端于大河流域的亚非文明四大古国不同，在中美洲热带雨林中孕育的玛雅自始至终也未建立起一个统一的中央集权制帝国，而是像古希腊一样，整个文明区域内小国寡民、城邦林立。邦内大权被以国王为首的贵族势力牢牢把持，并有一套复杂严格的制度来维系着这群上位者的特权，使其世世代代凌驾于平民之上。

王权神授

在玛雅的城邦社会中，君王和贵族掌管着整个城邦，他们有着一套极其复杂的统治制度，而这套制度的建立是以统治不同等级和身份的人为基础的。作为统治者的贵族阶层还有祭司阶层拥有各种特权，他们世世代代凌驾在普通百姓之上。君权神授，无疑让掌握着与神灵沟通特权的祭司阶层拥有了特殊的地位，君王离不开祭司阶层，他需要祭司阶层来强化自己的君权的神圣性，祭司阶层也会因为君王的支持而显得尊贵，并获得大量的社会资源和财富。

在中国的殷商时期，大量的甲骨文记录了当时发生的一些重大的事件，而这些事件都和巫师密不可分，通过占卜，巫师影响着国家的方方面面，而君王也需要通过巫师来加强自身的统治。在欧洲的中世纪，国王要登基就必须要征得罗马教皇的认可，否则无法加冕。在古玛雅文明中，很多小城邦的君王往往也是该城邦的大祭司，他集君权和神权于一体，因而在行政和宗教一体的玛雅社会中，统治者往往可以任意妄为而无须受到任何的监督，他们的百姓既要把君王看作城邦的统治者，也要把他看作上天的使者，因而这样的君王就有着半人半神的身份。在玛雅语中，君王常常被称作是“真人”，就是超越一般的人，他地位尊贵，拥有神的身份。在前古典时期，玛雅的许多城邦的君王往往是大祭司出身，这也可以看出君权源于神权。

政治架构

古玛雅数千年的发展孕育了不朽的文明，玛雅社会的权力体系不断地变化，但是一直以来，中心城邦都是玛雅社会的权力核心，在城邦中，君王、大祭司、贵族等掌握着国家的权力，这里所说的国家其实是核心城邦及其所属的领地，所谓的君王其实称其为领主更加合适，而事实上玛雅人称其为“真人”。中心城邦的外围是城邦的各个附属部落，这些部落中的大酋长和官僚还有一群叫作“Tupiles”的社会维护者，组成了玛雅社会一个叫“Akneg-ebob”的贵族阶层。这个贵族阶层中的一些成员其实并不显得有多高贵，他们和普通百姓

^ 帕伦克国王巴加尔的头像，发现于巴加尔的墓中。

的差别在于统治和被统治的关系，但是即便是这样，普通百姓也是无法僭越他们的，身份的差别决定了普通百姓在社会中的处境。

各个部族的酋长是由“真人”指定的，这个就好像中国的封疆大吏一样，需要由帝王来委派，但实际上不管是玛雅的酋长还是中国古代的封疆大吏，很多时候都是父职子继，世袭制在某种程度上维护了玛雅社会的稳定。这些在地方上拥有领地和特权的酋长们对赋予他们特权的“真人”自然是感恩戴德，每年丰收的时候，他们都会进贡大量的物品给“真人”。在玛雅文明最辉煌的古典时期，中部低地地区发展起来的大型城邦就有数十个，这些城市的人口规模都在数万人以上，这个并不从事农业生产的城市群体都是由周边的农村来供养的，由此可见玛雅当时的农业生产的先进性，同样也可以看出普通玛雅百姓所面对的巨大生活压力。

玛雅的各个城邦之间大多数时候相安无事，但有时候也会因为某些利益关系而发生战争，每当发生冲突的时候，中心城邦的“真人”就会委派一个有威望的人作为总指挥，这个总指挥被玛雅人称为“纳康”。“纳康”可以要求各个部族提供物资和人员的支持，事实上参加战斗的人员很多都来源于部族，这些部族的年轻勇士战斗勇敢，往往能够立下大功。在部族内部，酋长掌握着大权，那些官僚基本上也都是酋长的亲信和族人。他们负责部族的生产和守护，每当发生冲突的时候，他们会成为指挥官，指挥战斗。在酋长的边上有一些特殊的人，他们往往年龄比较大，在部族中有相当的威望，这些人是酋长的顾问——“长老”。“长老”虽然没有实质性的权力，但他们拥有的权威，却往往能够左右酋长的判断，因而他们在部族内部是仅次于酋长的人物。在酋长边上还有一个被称为“ Ah Holpopob”的人，他是酋长的秘书，或者是跟班，这样的人往往是酋长最亲信的人。在部族中也算得上是能人了，很多时候他是部族各种事务的执行者，比如每次举办祭祀活动之前，他会跑前跑后，忙里忙外，做好各种准备，而酋长则是甩手掌柜，关键的时候来一手就可以了。在统治阶层中，“Tupiles”是最底层的，作为统治阶层的打手，这些人往往力量强悍，能征善战，他们对内协助酋长压迫普通的百姓，对外抵御入侵，参加各种战斗。等级分明的玛雅社会犹如庞然大物，各个阶层的分工十分明确，玛雅社会的运转和繁荣在某种程度上得益于这样一套政治体制。

∧ 玛雅的官员正在把俘虏介绍给玛雅统治者。该石刻像创作于约785年，出土于墨西哥，现藏于美国肯贝尔艺术博物馆。

“黑话”选拔

在古希腊，城邦社会孕育了西方的民主和自由，在古玛雅时期，玛雅人也推行民主制度，特别是在各级官员的选拔和任用上更显示了玛雅人独特的“民主”性。城邦以及部族中各级官员都是通过选拔产生的，作为社会底层的百姓有权参加这样的选拔，不过他们却很难获得任用，因为组织选拔的人虽然容许普通百姓参加，却不容许他们当选。在公开面世的选举中，负责招选人才的贵族往往会问一些非常隐秘的问题，这些问题和神有着某种关系，而作为普通百姓是无法得知的，而在贵族阶层中生活的人，这些问题则十分简单，这些在贵族阶层中流行的暗语，它设定的目的就是要将那些出身低微的平民百姓在选拔的时候给排除出去。

作为普通百姓去参加这种面试其实是可怕的，或者说没有哪个愚蠢的百姓会觉得自己有机会咸鱼翻身，他们顶多不过是这种所谓的民主的选用会的看客而已。回答神灵的问题是要冒极大的风险的，答非所问往往会导致对神灵的冒犯，而那些负责选用的贵族则会借机修理这个不懂世事的冒失鬼，他们甚至会借着神灵的名义杀人。而那些早就准备了答案的贵族子弟则会很容易过关，他们获得职位是合情合理的事情，作为统治阶层，他们是绝不会让另一个阶层拥有统治者的那种感觉的，哪怕一个也不可以，而其中的民主也不过是一个愚人的把戏而已。

中美洲阿兹特克绘画：戴王冠的统治者身体被漆成黑色，在俯视一个侏儒和三个跪坐着的侍从，乐师们吹起喇叭和海螺壳，表示欢迎。

四个阶层

在玛雅的社会结构中，大体可以分为贵族、祭司、平民和奴隶四类人群，这四类人在血统、职责、俗规等各个方面都有不同的体现，而一个阶层和另一个阶层之间，他们有着绝对的差别，是无法僭越的。玛雅的贵族阶层包括君王（即真人）和村镇级的酋长及其下属各级头目，这些人中很多关键的职位是由真人指定的，但是也有些是通过“民主”的选举产生的，这些职位中绝大部分是可以世袭的，所谓的玛雅贵族就是这些世袭群体。

祭司作为一个重要的阶层，它和贵族阶层有着某种特殊的联系，贵族阶层实行长子继承的传统，而幼子则可以送去学习各种祭祀的知识，从而使他成为祭司。祭司作为特殊的群体，可以娶妻生子，可以子承父业，他们地位比不上君王，但是比起贵族，却要好很多，祭司在玛雅社会中是最受尊敬的群体。祭司阶层掌握着玛雅社会文明的方方面面，他们指导农耕、占卜政事、解答问题等，就是君王也时常求助于大祭司，

希望他能够给予帮助。祭司阶层虽然不从事生产性的劳动，但是他们却掌握着当时大量的财富，其中大多数都是由各个阶层上供的，而大量的祭祀建筑也是他们重要的产业。

平民是玛雅社会中最大的群体，他们靠自己的劳动过活，受着玛雅统治阶层的统治。他们在雨季耕作玉米地，在丛林中狩猎，而在旱季则会参加规模宏大的仪式中心建筑群的建设，金字塔神庙、大型柱廊、宫殿、高台、广场等无不体现了玛雅平民的智慧和毅力。玛雅的平民在丛林中砍伐树木，从远处运来石灰石材料，在统治阶层的指挥下开始建造，巨大的金字塔神庙从塔基到上层神庙的完成，需要耗费数以百万计的工时，那些精美的图案都是玛雅人用黑曜石工具精雕细琢而成的，其中需要耗费的时间可想而知了。平民除了参与仪式中心的建造外，还要向统治者纳贡，把他们最好的收获献给酋长和君王，当然祭司作为神的使者，他们也会收到丰厚的贡品。在平民百姓中，有猎人、渔夫、种植者、商人、手工艺人等，形形色色，他们在玛雅社会的方方面面发挥着重要的作用，虽然玛雅的祭司阶层掌握着玛雅文明的核心，但是作为普通的劳动者，玛雅的平民才是玛雅文明伟大的缔造者，他们用坚毅的性格和富有艺术性的审美建造了无数的玛雅建筑，这些建筑是玛雅人集体智慧的结晶。

奴隶在玛雅社会中是最底层的人群，毫无社会地位可言，臭名昭著的兰达大主教认为奴隶产生于玛雅后古典时期，而近年来有学者却认为奴隶可能在古典时期就有了。支持奴隶产生于古典时期的学者认为，在当时的战争中，获得的战俘并非全部用于祭祀，其中很多人可能幸存下来，成为最早的奴隶，而考古发现的一些石碑、壁画、陶器图画等资料也证明了这一点。

后古典时期，玛雅的奴隶大致来源于这五个方面：一是天生奴隶，二是窃贼沦为奴隶，三是孤儿，四是人口贩子贩卖来的人口，五是战俘。在玛雅地区，虽然出生就是奴隶的情况不是很多，但是确实存在，而玛雅的法律也规定，奴隶是可以赎身的。盗窃在玛雅人看来是极其卑劣的行为，因而盗窃者要成为终身的奴隶，直到他能够将所有的偷窃所得偿还为止。在战争中获得的战俘，如果拥有贵族血统，那么他往往要被作为人祭杀死，而别的则沦为终身的奴隶。孤儿往往会被贩卖，成为奴隶或者人祭也时常发生，总之他们命运悲惨。玛雅社会的奴隶虽然存在，但是并不是主要的阶层，玛雅大量的宗教建筑的建造，特别是规模宏大的金字塔神庙建筑的建造，都是以平民为主力军，而奴隶参与建设是很少的，这和埃及的金字塔建造有着很大的差别，事实上，玛雅文明社会中平民的生活还是相对稳定的，他们并非和亚欧文明中某些时期那样，平民常常因为外族的入侵和内战而身处困境。

历史断面

玛雅人的纳康

在玛雅，大规模的战争极其少见，特别是在最辉煌的古典时期。而作为战争的指挥者，在玛雅人看来是应该拥有神的力量和意志的，除了地方上世袭的酋长外，玛雅的君王往往会在战时委派一个叫纳康的人来担任指挥官的角色。这个被选中的人三年一任，在这三年里他要守住很多规矩，其中不能近女色就是首先要做到的一条。如果他有妻子，那么他在这三年时间里便要和妻子分开，就是见面也是不允许的。纳康作为神圣的人，他往往会被隔绝起来，尽量少和外界接触，他常常被供奉着吃鱼和大蜥蜴，这是玛雅人极其奢侈的食物，而狗、火鸡等动物，因为不洁净，在玛雅人看来是不能吃的。当三年的任期满的时候，纳康和酋长会制订各种作战计划，这其中纳康犹如战神一样，备受尊重，而酋长则是这个计划最忠实的执行者。

VISIBLE HISTORY OF THE WORLD

关键词：祭司／政治／玛雅文明

掌握神权的玛雅祭司

▪ 始于公元前1500年

在玛雅的政治结构中，祭司占有很重要的分量，甚至在有些时候，掌握神圣大权的祭司所发挥的作用比贵族还要大。而在玛雅社会漫长的历史中，祭司在玛雅社会的方方面面都留下了自己的印记，尤其是他们在天文学和数学上所取得的巨大成就，将作为人类社会共同的财富被永远铭记。

出身来源

祭司在玛雅语中被称为“Ahkin”，直译过来可以理解为“太阳之子”“天的使臣”“神的族裔”等，总之不是凡人。这只是祭司自我标榜的，实际上玛雅社会的大部分祭司都拥有贵族血统，因为玛雅人的习俗一直是贵族的长子继承家业，其余的儿子则可以选拔进入神庙“出家”，日后培养成为祭司。

为了避免家族内部的纷争，玛雅人把小儿子送去当祭司，未尝不是没有自己的考虑。因为祭司垄断了跟神交流的权力，所以他在政治生活中的影响力是很大的。在公开场合，贵族见了这些“神的使者”都表现得恭恭敬敬，在遇到一些国家大事的时候，“真人”也要以占卜问卦的名义向大祭司请教。日后一旦在祭司里面出人头地，就可跟兄长的家族互为声援，也可以说这是一种让家族枝繁叶茂的有效手段。因为一般祭司和贵族之间都有关系，所以很容易勾结起来，共同欺压平民百姓，捞取大量的财富。

后来，越来越多的祭司开始娶妻生子，神职也开始像贵族的官位一样开始了“子承父业”似的内部传承。这种“世袭罔替”的祭司队伍的繁衍壮大，一定程度上冲击了原来贵族和祭司间的密切联系，祭司手中掌握的世俗权力越来越大，尊贵地位也进一步巩固，成为一个独立的可以跟贵族分庭抗礼的阶层。但因为源于前世的各种千丝万缕的联系尚存，所以祭司和贵族双方大体上还是合作愉快的。

参知政事

作为玛雅社会一个独立的阶级，祭司集团的内部也有跟贵族类似的等级划分，通常一个玛雅城邦的神职人员按地位由高到低依次为祭司长、高级祭司、普通祭司三等，另外还有为数众多的青年祭司，一般是学徒的身份。其中祭司长又被称为大祭司，位高权重，在城邦内享有“国师”的待遇，“真人”都要对他礼让三分。祭司长全面负责管理城邦内所有的宗教事务，而且拥有独一无二的政治否决权——当“真人”或者其他贵族做出的决策不符合大祭司的心意时，他会在占卜中以神的名义宣布这是大难临头的凶兆，让“真人”的政策作废。

高级祭司是大祭司身边的助手，他们人数不多，同样地位尊崇，他们负责管理城邦内数量庞大的神庙和神职人员，而且在一些比较隆重的祭典上担当主持，代表天神接受玛雅众生的供奉。高级祭司中还有一些特殊的人，比如“Chilanes”是所谓的先知，号称能预知未来，还有专门担当人祭刽子手的“Nacom”以及他的四个助手，这些人因为沾了太多血腥，仪表肮脏凌乱，一年到头都臭烘烘的，也是玛雅文化中最让人不舒服的一个角色。

普通祭司类似于贵族中的办事员，分布在城邦内大大小小的神庙中，直接为玛雅的老百姓提供日常生活中的宗教服务，比如主持婴儿的出生礼或者在结婚仪式上充当证婚人等，他们也要在玛雅社会无处不在的祭神活动中充当主力，同时还要从事繁重的天文观测、历法推演等工作。另外普通祭司还是玛雅人眼中的文化人、医生和道德楷模，所以掌握丰富的文化知识和医术，以及培养或和蔼或端庄或威严的仪容也成为普通祭司的必修课。

祭司阶层虽然不事生产，也不直接参与政治的运作，看似无关紧要，但是玛雅社会的方方面面却又都能渗透出祭司的影子：军国大事的决策要有能卜吉凶的祭司来算卦，农事生产的时令要有能知历法的祭司来指引，日常的求医问药、婚丧嫁娶少不了祭司，甚

在这幅玛雅壁画中，披着羽毛的风神用自己鹰爪一样的双脚踩在长着胡须的绿色羽蛇身上，风神正将一把利器的尖部向羽蛇刺去。直到现在，我们也只能模糊地感觉到这是玛雅人对祭祀仪式的一种神话般的再现或是对王权的象征性描绘。

至在玛雅最流行的娱乐活动——橡胶篮球比赛中，那些在球场上挥汗如雨的运动员，也是青年祭司。

财源滚滚

祭司的地位还体现在对于社会资源的分配上，比如玛雅城市中那些气势恢宏的石制建筑，除了有限的几座是属于国王的宫殿和议事大厅之外，其他的均是祭司掌握的财产，这些大大小小的神庙、祭坛、广场、球场往往构成了一座玛雅城市的大部分。头戴羽冠的祭司在其中进出忙碌，享受着周围的平民向他们投来的饱含敬畏与信赖的目光。

在这些虔诚的普通人眼中，祭司就是他们生活的保护伞，是帮助他们从各位神祇那里讨来幸福安宁生活的人。所以在举行各种祭神典礼活动的时候，平民一定会选自己家中出产的籽粒最饱满的玉米，个头最大的南瓜以及颜色最鲜艳的辣椒，一大早就赶到神社诚惶诚恐地奉上这些心意，祭司则毫不客气地以敬神的名义收下这些人辛勤劳动的果实。这笔财富数量是非常可观的，甚至会超过贵族征收的赋税。

到了后期，压在玛雅老百姓头上的负担越来越重。玛雅到底有多少个节日，恐怕祭司长自己也数不清，就大大小小分布在全国的神庙来看，光是各路神仙没有一千也有八百，这些都是需要供奉的。同时玛雅还并行着大小两套历法，两套历法的月初一和年初一也是重要的节庆日，再加上国王的生日和逢五逢十登基周年庆，以及播种节、收获节，还有当国与国之间发生战争，胜利、结盟、联姻等时候也要作为纪念日大肆庆祝，可以说玛雅祭司一年到头都财源滚滚。

巨大成就

不过，就此把玛雅祭司误解为只会装神弄鬼甚至草菅人命的神棍或者压榨民脂民膏的蛀虫也是不恰当的，祭司之所以在玛雅长期存在，自有其存在的价值和道理，而且他们对于玛雅乃至全世界的贡献是非常巨大的。

除了替神代言，给玛雅人以心灵上的安慰之外，祭司还是玛雅社会中的知识分子，他们一手创造了玛雅高深的数学、天文学、建筑学知识以及象形文字等文化精髓。这些知识大都是密不外泄的，千百年来只在祭司内部代代相传，只有极为聪明的贵族和祭司的

气势宏伟的玛雅建筑一角

后裔才有资格去学习掌握，用于社会生产。可以说正是在这些精英们的指导下，勤奋的玛雅人才创造出了日后在历史上辉煌灿烂的玛雅文明。玛雅祭司堪称是掌握玛雅文明命脉的人，他们手里有玛雅人走向文明巅峰的金钥匙。

他们的天文知识是无与伦比的，他们对于地球公转周期、月球绕地球的旋转周期以及太阳系行星运行周期的掌握达到了令人不可思议的准确程度。这都是玛雅祭司千年如一日登上高耸的金字塔顶的庙宇，孜孜不倦地观测推演所得来的。在那个没有天文望远镜、高性能计算机，仅凭肉眼仰望星空的时代，玛雅祭司用勤奋的观察记录和深厚的数学功底完成这一壮举，这是放眼人类历史都了不起的一幕，值得所有人尊重和推崇。

所以说日后西班牙人对玛雅祭司的杀戮是这文明毁灭的根源。当残酷的白人殖民者以“异端”的名义把玛雅的祭司一个又一个送上火刑架的时候，他们所掌握的那些高深的知识也伴随着肉体一起消亡了，这就形成了不可弥补的文化断层——那些高深的知识因为是千百年“心口秘传”的关系，始终没有被整理成典籍流传于世，一旦毁灭就无法复制。即使今天依旧还有血统上的玛雅人幸存，但因为掌握文化的精英已经毁灭的关系，玛雅文化已经彻底消亡了。我们今天的人也就只好从考古发掘的遗迹中，从研究人员好不容易才破解的玛雅象形文字里，对这些祭司的文化成就一窥究竟。

在一定程度上，玛雅人的文明因祭司的成就而兴起，又因祭司的毁灭而消亡，可谓“成也萧何，败也萧何”，这幕历史的悲喜剧，大体如是，令人叹惋哀歌。

专题

失落之城——亚特兰蒂斯

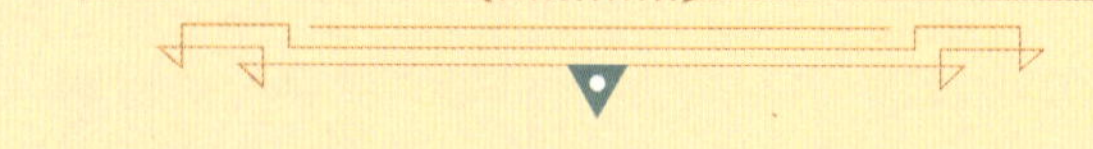

⊙公元前三四世纪 ⊙柏拉图 ⊙“无法抵达的沙洲”

亚特兰蒂斯，这片消失的大陆，最先被古希腊圣哲柏拉图描述，然而它是真是假，位于何处，仍然是世界历史上一大未解的谜团。对于亚特兰蒂斯，许多人充满好奇，希望找到这个梦想中的天堂，一窥其留下的足迹，然而谜题仍未解开。有人认为这座失落之城也位于南美洲，它的消失就像玛雅文明一样，可以猜想，却难以确知。

柏拉图笔下的神秘国度

▼柏拉图像

亚特兰蒂斯最早出现在古希腊哲学家柏拉图（前427—前347）的著作里。他的两本对话录《提迈尤斯》和《克里特雅斯》记录了他与真实人物和可能是创造出来的角色的对话。对话录中记载了一个名叫克里特雅斯的人讲述的故事。故事中，亚特兰蒂斯在西方世界拥有高度的文明，占领了整个地中海西部地区，位于“海洛克斯之柱”之外的大西洋中。而这些柱子通常就是我们说的将地中海与大西洋隔开的直布罗陀海峡。而大西洋名字的得来也是因为亚特兰蒂斯的缘故。

柏拉图还对亚特兰蒂斯做了详细的描述：它大概呈长方形，有700千米宽，海岸线四周是山峰，中间是一大片平原，它最显著的特点就是在南方的一座山上建了一座宏伟的卫城。随着卫城周边地区的逐渐发展，最终形成了亚特兰蒂斯的首都。处在中心位置的卫城被几圈环状的运河围绕着，每条运河周围都有坚固的城墙保护中间的土地。一条巨大的运河将环形的护城河与外海连接，接通了南部海域。那些国际经济往来都在这个水道上进行。在发展的巅峰时期，亚特兰蒂斯拥有辉煌伟大的青铜器时代文明、强大的军队和舰队，自然资源丰富，还因为与各国的贸易往来而国力富强。

另外，柏拉图还介绍了亚特兰蒂斯的创建与沉没过程。当奥林匹斯山上的诸神将世界分割的时候，海神波塞冬得到了这块土地，并按照自己的需要进行塑造。他的孩子们成为这片土地上的统治者。他们按照父亲波塞冬制定的戒律来统治他们的国家。但是，随着他们的财富和权力的增长，他们在道德上逐渐堕落，腐败之风盛行。于是诸神让灾难降临在他们头上，用地震让这片土地彻底毁灭，使之沉没于海浪之下，成为一个不能通行的浅滩，这也阻碍了地中海与大西洋的自由通行。

子虚乌有抑或真实存在

那么柏拉图关于亚特兰蒂斯的叙述有几分是想象出来的？又有几分是以事实为基础的？柏拉图的添枝加叶有几分呢？比如他提到的亚特兰蒂斯的制度通常以波斯人的制度为原型，这个故事的核心部分就是讲一个文明高度发达的大岛屿沉没了，没有留下一丝踪迹，只在大西洋底留下了无法抵达的沙洲。

在柏拉图之前，没有人提到过它，就连希腊历史学家希罗多德（约前484—约前420）对此都只字未提。但在中王国时期的埃及却有类似的传说。存于圣彼得堡的一部写在纸莎草纸上的埃及古文稿讲述了一个遭遇海难的旅行者的故事。一个埃及人在寻找法老宝藏的途中，船被大浪打翻，击成碎片。除了他自己外，船上其他人都溺水而死。他紧紧抓住一根木头，被抛在一个荒无人烟的小岛上。岛上住着一条金龙，金龙把旅行者带到了龙穴，但是并没有伤害他。金龙告诉他说这个岛上有大量的财富，是人人向往的地方。

中世纪的作家从阿拉伯地理学家那里听说了亚特兰蒂斯的故事，对亚特兰蒂斯的存在信以为真。14世纪、15世纪的地图上都标有好运岛、七城之岛，甚至亚特兰蒂斯岛等，航海家都渴望能够寻找到梦想中的人类天堂。

1912年，人们似乎找到了亚特兰蒂斯存在的证据。考古学家保罗·希里曼在这一年宣布他拥有亚特兰蒂斯的工艺品。他还画了一幅地图，地图中亚特兰蒂斯的位置和样子与多数人的理解相吻合，那似乎就是柏拉图所描述的那个都城。但是结果证明，希里曼在《纽约美国人》上发表的那篇轰动一时的文章采用了虚假证据，其中的见解也是剽窃来的。

1909年有人提出了一种看法，可能希腊的克里特岛本身是消失的古文明亚特兰蒂斯的所在地。1967年，希腊考古学家马里那托斯教授发掘克里特岛附近的火山岛时发现了一个大城市的中心，这里的房屋有些是两层，还有些是三层，房间里装饰着描绘日常生活的壁画。此外还发现了遗留下来的家具和陶器以及动物的骨骼，有的动物用作肉食，有的用于劳作，但是没有发现人类的尸骨或珠宝首饰。在发掘的壁画中有一幅较为特殊，描绘了一个海水围绕的海滨城市，海里到处都是海豚和鱼，还有一队漂亮的船只，有人认为那便是亚特兰蒂斯所在地。

1940年6月美国的爱德加·凯西预言亚特兰蒂斯不久将重新浮出水面。他甚至指明了具体的位置，就在巴哈马。异常巧合的是，1968年，航空公司的飞行员拍摄了一些照片，照片上显示的似乎就是巴哈马群岛沿海的建筑物。在海底还探测到了类似宽阔的鹅卵石道路的岩层，此外还有人提到发现了巨石墙壁、金字塔以及巨石围成的环形景观。至今这些描述还缺乏确凿的证据。然而巴哈马却成了寻找亚特兰蒂斯的宝地。很久以来，人们认为巴哈马群岛对面的藻海就是柏拉图所说的亚特兰蒂斯沉没之后留下的“无法抵达的沙洲”。

▼传说，亚特兰蒂斯古国在一次强烈的地震中突然沉没于深深的海底。从此，古国的居民就一直生活在海洋的深渊之中。

亚特兰蒂斯在哪里

它是位于大西洋的一个岛屿，还是地中海中的岛屿？它曾经存在于非洲、美洲还是欧洲大陆？亚特兰蒂斯（Atlantis），这个名字和大西洋（Atlantic）非常相似，但是亚特兰蒂斯是否位于大西洋，却很难证实。关于它的位置，有种种猜测，而且人们也在不同的地方搜寻着。

关于亚特兰蒂斯在美洲的说法，除了在巴哈马群岛一说外，还有其他的说法。

历史学家兼探险家安德鲁·柯林斯宣称，柏拉图描述的是加勒比海上的一座岛屿，其中最为贴近的就是古巴，因为它有高山环绕的大平原，并且平原的大部分在史前可能已经被淹没。柯林斯将传说中的亚特兰蒂斯与大西洋沿岸的文化和贸易联系起来。近来，在古巴附近的海底发现大片的废墟，虽然它们也有可能是自然形成的岩石结构，但是这一发现还是引起了人们对古巴学说的兴趣。然而，没有确切的证据支撑柯林斯的观点。许多评论家认为，柏拉图的描述显然指的是非常接近海洛克斯之柱的地方，而不是加勒比海。在玻利维亚，一支探寻亚特兰蒂斯的探险队宣称，他们已经在玻利维亚高原的波波湖中鉴别了一座被水淹没的火山岛，它就是传说中遗失的亚特兰蒂斯，但是这就意味着进一步否定柏拉图的观点。

从20世纪50年代起，美国学者查尔斯·哈普古德创立了一个颇受争议的“地壳运动”理论，他认为整个地壳定期会发生突然的、剧烈的位移，因此导致多年之后热带地区的陆地转移到两极地区。随后，该理论与精确地图的起源联系起来，例如南极洲地图，在人类历史上，早在制图师能够对其进行精确的导航和制图之前，它就已经被制作出来了。另外，历史学家格雷厄姆·汉考克和兰德·佛列姆亚斯指出，亚特兰蒂斯曾是南极大陆上一个高度文明的社会，当时那里气候宜人，但是1.2万年前的地壳运动，使它最终移到南极。虽然一些难民逃离了灾难，建立了其他的文明，且长期地保留了他们先进的制图知识，使之能够传递到15世纪至16世纪的地图绘制师手中，但所有能够证实该高度文明的社会存在的其他证据都被埋在了几千米厚的南极冰川下。

▲ 亚特兰蒂斯相关插图

瑞士地理学家乌尔夫·埃林森的著作《地理学家眼中的亚特兰蒂斯》则指出，大西洋上唯一接近柏拉图描述的亚特兰蒂斯的是爱尔兰岛，它主要由高山、平原和丘陵组成，其古时的首都塔拉的中心也有一大片废墟。这种说法广为人知，但是也存在许多漏洞，最显而易见的就是爱尔兰至今仍矗立在海上的说法。

作为消失之地的原型，亚特兰蒂斯似乎无处不在，从爱尔兰到南极洲，到处都有它的影子。它的神秘感与日俱增，虽然缺乏确凿的证据证明它曾经存在过，但是它已经发展成为历史神话的重要元素和种族主义的幻想曲作曲家的摇篮。那么，什么是亚特兰蒂斯呢？一个有着重大意义和价值的史前文明的传奇遗迹是不是作家没有恶意的杜撰？如果它确实曾经存在过，它会在哪里呢，在不久的将来会被我们发现吗？

第二章

玛雅人的日常生活

千年以前的玛雅人过着怎样的生活？他们与动物和神有着怎样的联系，他们的服饰、面部特征、牙齿形状、发型装饰及人体彩绘等都代表了对身体之美怎样的诠释？与此同时，我们也知道，不同的服饰类型又体现出社会明显的等级观念，而对动物的崇拜以及难以琢磨的宗教信仰，既展现了人类与神灵的沟通，同时也展示了玛雅人尊崇自然万物的独特情感，这些细节都令人叹为观止，并且表现在文字、服饰、雕刻、建筑和神话寓言中，填补了我们对于玛雅人日常生活的想象。

VISIBLE HISTORY OF THE WORLD

关键词：玛雅文明 / 死亡 / 信仰

玛雅人的宿命观与天堂

▪ 约始于公元前1500年

不同的文明对于死亡的认知与死后的天堂想象完全不同。在基督教中，人们相信末日审判，通过审判的人才能进入天堂；在儒家观念中，孔子则不语怪力乱神，探讨生存不探讨死亡。在玛雅文明中，人生有着宿命，死亡也只是中转站，人们最后要走向那个拥有一切美好事物的天堂。人们的生命可以永存，天堂也将永在，这是玛雅人对于生命的希冀，也是一个虚构的美丽愿景。

信梦与信命

玛雅人有着浓厚的宿命观，甚至认为人从出生开始，自己的一生就已经被命运注定，自己所能做的就是按照命运之路前行，偶尔可以在神给的启示中预见自己下一步将要面对的是好事或坏事。

比如玛雅人认为如果把火柴掉在地上，火柴仍能继续烧，就是个好运的兆头；假如火柴掉下后能一直烧完，那就表明把它掉下去的人一定长寿。猎人如果把打到的鹿的鹿头、鹿肝或鹿肚卖掉，就必定会在日后遭厄运。由此还引申出一些诅咒他人的恶毒办法，比如，想害某个猎户交厄运，只需向他买些鹿肉，再把骨头扔进井里。

玛雅人还十分相信梦的预示作用。比如一个人梦到自己遭受拔牙之类的剧痛，那么他的一个近亲就快死了；如果梦中的痛楚较轻，那么将死的是他的一位远亲。梦到红色的土豆预示着婴儿的死亡，梦到黑牛冲进家里或梦中摔碎水罐，都预示着家人的去世。现代精神病学说认为，梦确实有预警征兆的功用，现代医学还发现梦是人体生理系统的警示器。不过，即便用这样堂皇的学术理由也只能模糊地解释梦中痛楚的预告作用，而红土豆、大黑牛这样的预兆太具玛雅地方色彩了，而且也无法以科学原理解释得通，所以人们一般将玛雅人对梦的信赖只看成是宿命观的一部分。

^ 作为随葬品的人形玉石镶嵌容器

死亡与永生

玛雅人精心构筑了自己的死亡观念，沉醉在永生不死的意境里，或把死亡当成一件不那么可怕的事情。死亡可以被看作避风港，从那里再度扬帆起航。或者说，玛雅人并不以为死亡是一个人的终点，而是认为死亡是中转站，是走完这段旅程再搭乘另一趟班车的中间步骤。

他们悉心包裹尸体，给死者嘴里塞满玉米，以免死者在等候下趟班车时挨饿。有时还往死者嘴中填塞玉石，玉石是玛雅人珍贵的物品，以免死者受穷。墓穴里还要放上偶像，保佑死者一路平安。至于死者的身份证明也很重要，一定要齐全。如果生前是位工匠，那么应当放上石斧以证明其职业和技能；生前是位祭司，就放上书籍图谱；生前是术士，就放些魔石；生前是猎人、渔夫，就放弓矢钩叉。因为死者在来世还需要他的那些装备。

玛雅上层人物死后更有精心的安排，通常是先火化，然后将尸灰收藏到瓮中入葬，葬所可能是各种规模的庙宇。一位君王死后脸部罩着由200余枚玉片拼成的青玉面具，为的是永生不灭，让不死的灵魂可以在不腐不败永远温润的玉石包裹中寄存。有时，死者的尸灰被放在空心的雕像中，雕像尽可能与死者本人相像。雕像后脑壳留有一个开口，这是填放尸灰的通道，用死者相同部位的头皮来覆盖。

玛雅科潘古城的统治者在死后进行了更为细致甚至是血腥的处理，他们通常把死者用火处理一下，烧到骨肉分离，将头后部锯下，只留下前部，即脸部的骨架，然后用松脂捏塑出脸肉来。这个塑像和真人一样，与前述木雕像性质相同，被作为家族偶像供奉起来，逢节受享，使人敬畏。这个说法虽然来自早年西班牙殖民者的记述，但是确有其事，考古发掘部分证实了这一点。有一个骷髅头颅被削，眼窝用木头塞着，脸部被艺术处理了，是重新造出的死者面相。保存真容以供瞻仰，这是后人对先人的追怀，也是永生不死愿望的体现。

以前人们把玛雅地区的金字塔当作单纯进行祭祀活动的场所，后来考古学家发现它们中有些至少还被用作陵墓。20世纪初，法国人阿尔贝·吕兹考察帕楞克古城的一座金字塔。他在塔顶神庙里发现地上的大石板有些异样，板上几个圆孔似乎显示板下面掩盖着什么。于是他就领人撬开了这块大石板，果然下面是一条被泥石堵塞的通道。他和6位助手花费3年时间，才挖通这条长20米、有56级台阶的地下甬道。甬道尽头是一堵石墙，墙下有些玉珠耳饰和项链。拆除石墙后，又找到一条甬道，甬道尽头还是石墙。左侧有个石瓮，内装有6具年轻人的尸骨。吕兹判断他们只是殉葬者，真正的大人物还在后面，等待重见天日。

就像玛雅神话中说的那样：“死者不会永远留在冥界。他们像树上的绿叶，秋天凋谢，春天又会再生。死去的亲人都会和春天一道回到我们身旁。”偏远的玛雅村庄有的还保留这样的习俗，当某人死后要为他举行洗罪仪式。把尸体放在长条状木澡盆中洗过，洗澡水是稀玉米热汤。洗罢，家属和乡亲一起把热汤喝光，象征性地分担死者的罪恶，使得死者的灵魂可以顺利地进入天堂。

玛雅人虚构的天堂

玛雅人看重死，自然也看重死后的天堂。玛雅人的天堂在13层天之上，

v 这幅瓶画制作于后古典时期。瓶画内容反映了玛雅人的创世传说、宇宙秩序、天堂与地狱等神话观念。画中的6位神的名字用玛雅象形文字标在各位神的旁边。

人的想象力所能达到的所有幸福美好的事物，全都会聚在这个玛雅人的天国。能够一步登天的那些人，包括几类：自杀者、战死的武士、做人祭牺牲的人、难产而死的妇女、祭司。

这份值得玩味的名单，确有不易理解之处。要说直接与天神交接并作为天国在人间的特命全权大使的祭司，可以直接返回天堂述职，这还比较好理解，做人祭的牺牲者可以进入天堂，也在情理之中，因为他们原本就是奉献给天国神灵的礼物。但是特意把难产而死的妇女放在中间，却出人意料。细细想来，妇女生孩子虽是自然法则，但造物主并没有让这件自然而然的事情万无一失。而在现代医学科学发达之前，妇女难产死亡率是相当高的。

这种天堂之旅，在我们看来是无稽之谈，而对玛雅人来说却好像真的是实惠的许诺一样。战死的武士有资格进入天堂，这也合情合理，因为武士集团是社会的政治特权阶层，他们是大大小小的贵族。让战死的武士得到荣耀，那显然是为了激励士气，培养为了民族利益不惜捐躯的尚武精神。让作为献祭牺牲的人死后进天堂，则是祭司为了他们草菅人命的陋俗的延续而进行的欺骗宣传。但是将自杀者排在了他们之前，实在令研究者费解。

西班牙主教兰达曾在他的书中写下这样一段话："他们（玛雅人）说那些上吊自杀的人升入他们的天堂，并且把这当作完全理所当然的事情，这样就有许多人因为悲伤、麻烦或疾病等微不足道的原因而自己上吊，以此来摆脱这些事情而进入天堂安息，天堂里有他们所说的上吊女神会来使他们重新苏醒。"

天主教是坚决反对自杀的，因为人自己无权杀死自己这个由上帝创造的生命作品。于是一些西方学者很难将自杀与进入天堂等同起来。但撇开西方教义的偏见来看玛雅人的自杀原因，可能就容易理解了。人因为难以忍受的原因而走上绝路，虽不能说是理所当然，但至少是可以理解和体谅的，对此应多一些同情和理解。玛雅人具有先知先觉的明智和大彻大悟的同情，他们为那些不得不自寻短见者的灵魂，安排了欣慰的乐园。

VISIBLE HISTORY OF THE WORLD

关键词：出生仪式 / 命名规则 / 风俗习惯

玛雅人的出生仪式

▪ 约始于公元前1500年

就如同我们今天流行的星座运势一般，玛雅人也有类似的与生辰日期相关的命理信仰，而且还从这种信仰中衍生出一套独特的婴儿出生仪式和命名规则。这种古老风俗影响深远，至今仍在危地马拉的玛雅后裔中间流行。

出生礼节

玛雅人认为，人出生后的命运和他的出生日有着密切的关系，这和中国的生辰八字、称骨算命等迷信说法有着某种相似性。玛雅人认为，每一天天上都会有神值守，因而孩子哪天出生就会和某个神有缘，这个神对他来说是幸运之神，日后都会受到他的庇佑。在玛雅人的神观念里，有好的神，也有坏的神，那些坏的神会想方设法给孩子设置障碍，甚至引诱他走入歧途，使孩子过早夭折。在古玛雅时期，婴儿的死亡率是很高的，一个孩子如果能够存活几个月，那么他对玛雅人来说就充满了希望。为了使这个孩子能够更加顺利地成长，孩子的父母就会通过一种叫“赫兹梅克”的仪式来为孩子庆祝，为他们的未来加油。

玛雅人觉得，女人要在家里负责饮食和养育子女，而男人则要在外面狩猎和种植玉米。因为做饭的时候支撑锅的石头是三块，而玉米地是四个角的，所以男孩子出生的仪式会在出生后的第四个月举行，而女孩则会在出生后的第三个月举行。在举行仪式之前，父母会准备丰盛的食物，招待前来庆贺的亲友和邻里，而附近的祭司是首先要被邀请的。这个叫“赫兹梅克”的仪式没有祭司是无法完成的，当然作为普通的百姓家庭，他们能够请来的也就是最低级、最普通的乡村祭司。

仪式开始后，大家会站在边上神情喜悦地观看着孩子的一举一动，首先由孩子的父亲将孩子抱起来送到祭司的手中，祭司会用手掌托着孩子的屁股，让孩子坐在他的手掌上。这时候孩子高高的，他的视线几乎和大家差不多高，这似乎有着一种独立、自主的寓意在里面，这个简单的动作就是“赫兹梅克”的开始。接着，孩子的父母会在桌子上准备各种东西，让孩子去抓，如果是个男孩子，准备的东西多半会是黑曜石斧头、弓箭、木头匕首、农具等男孩子长大后要用的东西；如果是女孩子，则会放上骨针、棉线、陶罐、碗等东西，一般情况下这些东西都是九个。祭司托着孩子绕一圈，他便会递给孩子一样东西，并说一些祝福性的祭词，希望孩子能够很好地使用这个工具，祭司绕着桌子走完九圈，这个仪式也就差不多了。不知道是玛

庄重的出生仪式

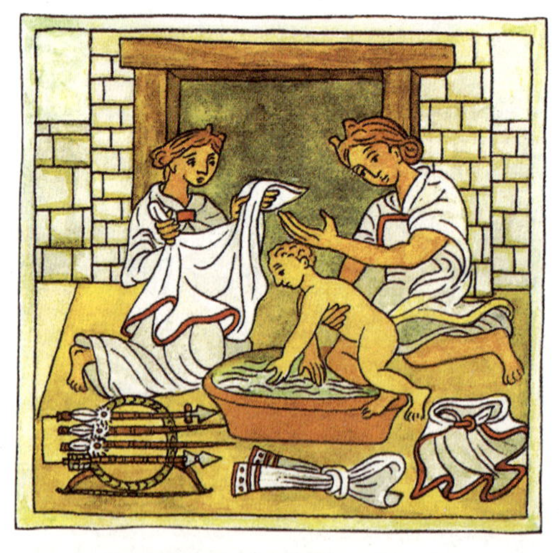

雅的乡村祭司记忆力不好，还是仪式的需要，这些乡村祭司在绕圈之前总会在边上放一个小碗，里面放九颗玉米粒或者葫芦籽，他每绕一圈就吃一颗，这样吃完所有的玉米粒或者葫芦籽，绕圈的仪式也就算完成了。有意思的是玉米粒和葫芦籽的差别，如果是个男孩子，祭司自然要吃玉米粒，因为玉米的种植主要由男人来完成，而女孩子则吃葫芦籽，因为葫芦多半种植在房子边上，平日里由女人管理，或许只有玛雅人才会有这样细节上的区分，神奇而又隐秘。

乡村祭司托着孩子绕完九圈，估计也累得可以了，这时候他会把孩子送回到孩子父亲的手中，并说一些约定俗成的祝福语，就这样，玛雅人一生中第一个也是最重要的一个仪式完成了。仪式完成后大家会欢呼着为孩子祝福，这时候主人会将那早就准备好的水果、玉米饼、烤火鸡肉等美食拿出来热情地招待大家，当然尊贵的祭司会在上座，并受到大家的尊敬。古玛雅人的“赫兹梅克”和中国人的做满月似乎没有多大的差别，在中国抱着孩子的是孩子的父亲或长辈，而孩子抓住的东西只有一两个，大家喜欢通过孩子随意抓住的东西来判断孩子的未来。

命名规则

作为父母总希望可以给孩子取一个好的名字，玛雅人的名字一般都会由祭司来取，在玛雅社会里，祭司是最有知识的，他们懂得神的意志，因而他们取的名字都能符合上天的旨意。小孩子出生后，祭司会给孩子取一个小名，什么阿猫阿狗，玉米土豆之类很普通的名字，一般来说这个名字就是某种动物或者植物。中国人取乳名喜欢取狗蛋什么的贱一点的名字，说是为了孩子好养点，不知道玛雅人给孩子取乳名是不是也有这样的意思在里面。

我们很多时候会把小孩叫作小什么，阿什么之类的，而玛雅男孩子的名字前也会有个“阿”（Ah）这样的前缀，女孩子名字的前缀则是“细”（Ix）。比如，Ah Balam，我们一看就知道是个男孩子的名字，而Ix Cuat则是一个女孩的名字。等孩子长到十三四岁，父母就会给孩子举办类似成人礼的青春仪式，仪式的举行意味着孩子已经成熟，并可以谈婚论嫁了。这时候大家就会改变对孩子的称呼，在原来的名字后面，加上父亲的姓氏，这样的称呼显示出了尊重，不再像小时候那样随意了，而孩子成年后也就要担当更多的责任，比如父亲的姓氏是Chel，那么成年的孩子就叫Ah Balam Chel或者Ix Cuat Chel。这种变化很简单，却有着重要的意义，它意味着孩子可以娶妻生子，将要担当父亲一样的责任。

玛雅人的母系也有属于自己的姓氏，而且一代代地传承下去，这个属于母系的姓氏在女孩子结婚的时候才体现出来，当女孩子结婚的时候，他们通常会在原来的名字中加入母亲的姓氏，比如母亲姓Chan，那么出嫁后她的名字就是Na Cuat Chan-Chel，这里前缀的Ix 变成了Na，这样的差别也体现了一个女子是否结婚。

中美洲玛雅壁画

此画描述的是玛雅人祖先的居所和生活场景。玛雅人祖先的小房子以捆在一起的细柱为支架，屋顶上铺茅草。

玛雅人的名字看起来比较复杂，但是如果明白了其中的意思和取名规则，也就不难理解了。除了正常的名字之外，很多玛雅人还有自己的小名，特别是玛雅的男人，小名更是生活中很重要的一部分，比如一个人很喜欢抽烟，可以叫他烟斗；他善于打猎，或许会叫他野猪什么的；他跑得快，那么会说他是风，或者是和风一样的人。玛雅人的小名五花八门，各种形式都有，但是小名一般都会符合这个人的某种特征，比如Ah Xochil Ich，指"脸或眼睛像猫头鹰的人"，Ah Tupp Kabal，指"声如雷震的人"。

历史断面

玛雅人的神灵

玛雅是多神信仰的民族，在玛雅人的世界里有着许许多多的神灵，这些神灵带有特殊的寓意，而名字也很古怪。其中帕卡尔二世，帕卡尔是"盾"的意思，表示很强大，无法打倒；依西塔布是自杀女神的名字，是主宰自杀的神灵；埃克·曲瓦是战神的名字；恰克是雨神的名字；伊克斯切尔是洪水、纺织、怀孕、月亮女神的名字；库库尔坎是羽蛇神，玛雅人最为重要的神灵。这些神灵只是玛雅众多神灵中的极小部分，但是对玛雅人来说却特别重要，特别是羽蛇神，它在后古典时期更是备受玛雅人的崇敬。奇琴伊察作为后古典时期的中心城市，它的周边有三个巨大的天然井，其中一个就是十分著名的圣井，是玛雅人用来祭祀羽蛇神的地方，而其他两口井则是为农业生产和日常生活提供用水。当干旱在北部地区蔓延的时候，这些地下水道中的水对玛雅人来说就显得尤为重要，巨大的水体为植物提供了足够的浇灌用水，因而在某种程度上，北部的局部地区还是可以获得丰收的。不过奇琴伊察的复兴和衰亡也就是短暂的一百来年时间，在短暂的辉煌后，玛雅人放弃了它，而另一个地方又在兴起，并且继续将玛雅文明传承下去。这种兴起、放弃的发展模式在玛雅似乎是一个无法破解的谜团，也正是这样，玛雅文明在公元9世纪前后开始衰弱，并且最终因为失去了新生力量而衰亡。

关键词：祭祀仪式 / 刺血 / 文明悲剧

玛雅的血腥祭祀

▪ 公元9世纪

无疑，用活人祭祀是玛雅文明中最骇人听闻和难以理解的一点，但这点却是解开玛雅文化秘密、理解玛雅人价值观的最关键一环。尽管这种行为让人感到厌恶和不寒而栗，但是在玛雅文明探究的路途中，血腥祭祀是一个无法回避的话题。

刺血敬神

比起欧亚大陆上的大河流域，条件恶劣的中美洲热带雨林并不是一个十分适合文明发端和成长的环境，生活在这里的玛雅人生产力水平一直徘徊在一个相对比较低的位置上就是明证。而为了在这严酷的环境中求得温饱平安，玛雅人比起其他文明地带的人们，对信仰中能带来丰饶和健康的众神便有了一份额外的虔诚。

这份虔诚的体现，就是玛雅一年到头会有各种纷繁复杂的祭祀仪式，勤劳的农人会一次又一次地捧出自己的劳动果实，献给五光十色、光怪陆离的各路神仙妖魔，以求换得健康和丰收。同时玛雅还供养着一个纯粹为祭神而诞生的，上至祭司长，下至普通球赛运动员的庞大的神职人员阶层。

研究显示，玛雅人可能会把多达1/3的收获都填在这个无底洞里，但是在玛雅的神学理论中，鲜血才是最贵重、最虔诚的祭礼，这可能与玛雅人认为创世之初，羽蛇神以自己的鲜血洒满大地让世人复活的信仰有关。所以作为羽蛇神的子孙，理当用自己的鲜血来回馈大神，方显信仰的虔诚。

这种用鲜血来表达诚意的做法，在世界上并非个例，中国古史常记载团伙之间要歃血为盟，近代的帮派分子入伙时还讲究喝血酒，在玛雅文明发轫之初，以血祭神具体到行动上，也并不是那么恐怖与不可理解。

v 玛雅人举行人祭的场面，人祭的最中心的程序是剜心。比人祭中的剜心要温和一点的宗教仪式也会令今天的我们感到心惊，那就是玛雅人的放血仪式，而且往往是自己给自己放血。

话说在当时祭典的现场，流程是这样的：先是一群农民背着贡品（主要是玉米、南瓜、凤梨之类的农产品，而这也占了祭礼的大头）在很早就出发，赶在仪式开始前把礼物献上，因为农民地位低下，是没资格进入正式献礼的队伍的。神庙的祭司看礼物堆得差不多了，献礼仪式就正式开始，大祭司领着本地的达官贵人和大商人们排队站好，依次上前献礼，商人进贡的大多都是珠玉之类的珍宝，贵族则随便意思一下。最后是由一个地位比较高的大贵族（有时干脆就是国王）来做总结发言，汇报这次给神一共献上了多少贡品，顺便把账目清明的礼单一并奉上，白纸黑字表示没有骗神。总而言之，这祭典其实是祭司阶层借助神的名义明目张胆搜刮民财，并

与贵族瓜分利益的秀场。

可能有人要问了，血祭呢？

有，但是不常见。因为这血来自贵族。

农民的地位已经低到连正式祭典都不得参加，更不可能拿他们的血来祭神了，要出只能出权贵的血！显然这是祭司编了个筐，然后把贵族装进去了。虽然同属于统治阶级，但是在利益分配上难免会有冲突矛盾，所以祭司喜欢借助各种机会来打压掌握世俗政治权力的贵族，这就是上层社会内部的争斗。

被坑苦了的贵族老爷们很无奈，在共同剥削平民这一大前提下也不好公开和控制神权的祭司翻脸。只好在一些比较隆重的场合，勉强用鱼刺之类扎破舌头或者耳垂，挤出一两滴血来作为“贵重”的祭礼献给大神，在这种场合下满身涂满油彩，头上遍插羽毛的祭司则站在一旁看着贵族的苦脸心里得意地笑。

这是玛雅文明的古典期，也就是发展的最繁盛的时候献礼的真正本质。彼时的玛雅文明如日中天，考古证据显示当时的玛雅社会一切都显得庄严堂皇，高贵平和，那种动辄血流满地的类似末日的景象在这时候并未出现。

玛雅彩绘进贡图

血腥祭祀

那么，是什么导致了后来血腥的变异呢？

原因很简单，八个字：生存危机、文明蜕化。

玛雅人的玉米农业一直是采用原始的刀耕火种、毁林开荒的方式来维持的，这种原始而脆弱的经济一旦遇到人口增多，生态的恢复速度跟不上人类索取的时候，会迅速崩溃。而这个可怕的景象大约就是在玛雅人于公元9世纪达到古典期的辉煌顶峰之后开始出现的，主要特征表现为作为玛雅文明支柱的玉米开始减产。

彼时的玛雅人当然还无法完全理解这是人地矛盾所导致的生存环境恶化，他们开始惶恐，认为这是天神发怒，于是不顾一切开始想尽办法讨好天神，祭祀愈加隆重而频繁，有违人道天伦的人祭也开始粉墨登场。

以活人为祭品，将其剖腹剜心，任鲜血涂满神灵偶像的面目，浸沃神圣的庙堂。这想来就令人发指的一幕缘起于更早于玛雅的奥尔梅克文明。玛雅的前古典期和古典期，偶尔也会在祭典上把奴隶和战俘作为贡品祭祀。但大规模的流血到了玛雅古典期的末叶才开始盛行，甚至有以杀人数的多寡来衡量祭典是否隆重的趋势，末世的焦虑和绝望在此尽显无余，而过后不久，曾经辉煌灿烂的玛雅古典期文明就衰亡了。

此后一支来自北方的蛮族托尔特克人入侵了玛雅人所在的地域，并维持了五百多年的统治。在这统治与被统治的漫长历程中，两股文明完成了融合，托尔特克人勇武的基因被注入玛雅的文化，脱胎换骨的玛雅人后来赶走

▾ 两图均为玛雅王室放血石浮雕

左图：长方形的画面里有两个人，站着的是男性，手上拿着燃烧的火把，旁边跪着的是女性，两个人都盛装打扮，戴着奢华的头饰。而画中女性正在拉着一条绳子刺破自己的舌头，绳子上结满了刺，刺穿并划伤了她。

右图：从承接造尅夫人鲜血的钵里，升起神圣大蛇与先祖战士的幻影。

两幅雕塑均创作于公元700年～750年，被发现于墨西哥恰帕斯州，现藏于大英博物馆。

了入侵者，并在尤卡坦半岛一带完成了玛雅后古典期文明的复兴。但这后古典期的玛雅文明却始终未曾达到他们先辈的辉煌，一个很重要的原因就是与托尔特克人的同化在提高了玛雅人武力的同时又造成了玛雅人文明程度的极大退步。

托尔特克人带来了北方墨西哥高原落后的偶像崇拜和人牲制度，还有一种在现代人听来绝对是扭曲而可怕的世界观：他们认为只有流足了鲜血，伟大的羽蛇神才会有能量跟黑暗之神战斗，才能保证每天太阳都走上正常的运行轨道。也就是说，为了维持日升日落，人祭已经不是祭典上偶尔为之，而是每天都要进行的惯例。而后来取代托尔特克人在墨西哥高原上称雄的强盛帝国阿兹特克，之所以频繁发动战争，目的就是为了猎取足够多的作为祭品的战俘。

后古典期的玛雅人就是在这种难以理解的价值观指引下开始了大规模的血腥祭祀，而且也像阿兹特克人一样通过战争来猎取“人牲”作为祭祀的储备资源，直到最后被西班牙殖民军彻底毁灭，这种骇人听闻的活动才彻底从历史上消失。

文明的悲哀

起码在当时人眼中，这种大规模的活人祭祀行为给了白种人绝好的借口来杀戮印第安人，他们振振有词地宣布“玛雅文明是一团黑暗”，本质上的残暴程度其实丝毫不亚于那些玛雅祭司。西班牙殖民军似乎可以理直气壮地举起手中代表“上帝和文明”的正义之剑，毫无心理负担地消灭这些野蛮愚昧的异教徒。因为在任何受过文明洗礼的外人眼中，印第安人搞的这些大规模的血腥祭祀都是违反人道、不可饶恕的极端罪恶。

即使今天来看，关于玛雅人血腥祭祀的描述都会让读者本能地感到惊恐和厌恶。但是如果放平心态深究下去，我们就会发现，这是一个文明的悲剧，是一个在恶劣的环境中成长起来的先天不足的文明在对抗严酷的大自然的时候所产生的无奈与疯狂。

翻阅不同文明的演进史，我们都会在其幼年期读到有关活人祭祀的描述。甲骨文中记载商朝贵族动辄屠杀奴隶来安抚祖先神灵，被罗马毁灭的迦太基人也有焚烧童男童女来祭神的传统，甚至《圣经》中也会记载亚伯拉罕拿长子以撒做牺牲来取悦上帝，只不过最后是用羔羊代替孩子的喜剧结局。而这个故事其实也可以这样理解，随着文明的进步，人类开始用牲畜代替活人作为“牺牲”，表达对神的敬意，比如现在中国人过春节还习惯买一个大猪头来当祭品。

而玛雅人，或者说整个中美洲印第安文明，就缺了那么一只滑稽的大猪头，这并不是开玩笑，热带雨林的环境除了让玛雅的农业极端脆弱外，也使玛雅人成了一个独一无二的、缺少畜牧业的文明，雨林中没有可供驯服的大型动物，也就没有其他文明惯常作为稳定肉食来源的猪、牛、羊等牲畜，客观上造成了玛雅人一直无法完成这一步文明的跨越。而后期尤卡坦半岛干旱的自然环境又迫使他们频繁求雨祭神，这造成了无数可怜的冤魂被送上金字塔，玛雅人就在这种先天不足中陷入了恶性循环，最终造成了不可避免的悲剧。不能不说这是一个先天不足的文明的悲哀。

关键词：敬神／球赛／活人祭祀

球赛赌生死

■ 约公元4世纪始

现在风靡世界的篮球运动一般被认为是美国人詹姆斯·奈史密斯博士于1891年发明的，但玛雅人早在他们的古典期，就已经开始了一项跟现代篮球形式极为相似的球类运动，只不过比起纯属娱乐的NBA，这个古老的比赛有时候多了一份事关生死的黑色幽默。

为敬神而生

先来看一下这个比赛的样式，球场是狭长的矩形场地，两边有石制的倾斜墙壁，坡度很适合球的反弹，在球场的两端各竖有一堵垂直高墙，墙上面嵌了一个石头制作的篮圈。一般球场的形制是50米乘20米，在城市中心区域的球场可能还要更大，比如奇琴伊察遗址上就发现了一个长达150米的巨型球场，但这是给国王和大祭司专用的，平民只能去一般的小球场。

至于比赛的规则，跟现代的篮球运动大同小异。队员要做的就是尽量把生橡胶制作的球塞进篮圈里，球进，算一分。唯一不同的是这项比赛严禁用手脚来触球，更不能用头撞，队员只允许用肘、膝盖和腰部来碰球，所以得分的难度很大，基本上一场篮球比赛下来，得到的却是足球赛的分数，0:0的平局更是常见。

玛雅人发明这项运动的初衷，当然不是为了强身健体或者娱乐大众，比赛的目的跟玛雅人日常生活的大方针是完全一致的——敬神。所以一般球场都会建在神庙或者祭坛附近，而场上的队员都属于国家职员的编制，他们都是年轻的祭司。

至于球赛的起因，有一种说法是玛雅人所信奉的羽蛇神和太阳神都是超级球迷，他们会时不时组织手下的各路神灵进行训练赛，也会派美貌的天使到人间搜集优秀的篮球手的信息。为了迎合这两位大神的口味，玛雅人就轰轰烈烈地开展了篮球运动，用精彩的比赛来取悦神灵，求得风调雨顺，国泰民安。

v 一位正在休息的贵族球手，其装饰和神态都表现出他的不凡气度。

血腥规则

这种理由听起来十分勉强，所以可信度并不是很高，最近考古研究显示，这种看起来轻松愉快的比赛，其实是当初玛雅人选拔活人祭祀对象的一种方式。

在玛雅文明的古典期，活人祭祀只是偶尔为之，对于祭品的要求很高，就如同刺血祭神，血必须是贵族的一样，这个祭品也不能是地位低下的农民，一定要是本城邦里面最健壮、最勇敢的年轻人。但当时玛雅和平安宁，从不打仗，如何判定他是否勇敢健壮？只好球场上见分晓，谁在比赛中能够连战连捷，表现出最有价值球员的水准，谁就上祭台等着挨刀受死，这听起来很荒唐。

但是玛雅人的行为就是这么黑色幽默，比赛中获胜一方的队长会在赛事结束后被杀死放上祭坛，作为献给两位球迷大神的礼物。死去的球手的灵魂会被两位大神派出的天使带入天堂加入球队，在末世之时羽蛇神和太阳神的球队将进行总决赛，胜利一方会在下一个纪元中为尊……

所以这么看来，玛雅人不断把最优秀的篮球手干掉还是有道理的，他们只是帮这些人完成从人间到天堂的转会，让他们在一个新的广阔天地大有作为罢了。

后古典时期，部落之间的战争成了家常便饭，血脉里有了托尔特克人好战尚武的因子的玛雅人不再拿自己的战斗英雄去给神白白送死，人祭的来源此时已经变成了奴隶和俘获的敌军战俘。但是在祭典开始之前，玛雅人依旧会举办一场篮球比赛，只不过对阵的双方变成了即将作为祭品的战俘们和玛雅人自己的城邦篮球队，而且玛雅城邦队往往会故意输给对手，让对方心甘情愿以胜利者的姿态从容赴死。

当然，这一切的前提就是那群俘虏必须也是俘虏中有身份的人，甚至是敌对城邦的贵族，至于一般的奴隶贱民，根本没有资格成为祭品。

回归本质

不过，动辄为杀人而举办一场比赛，而且杀人的理由又是那么莫名其妙，毕竟不是一个正常的人类文明该有的状态。况且比赛本身又是那么精彩刺激，充满娱乐精神，所以越往后发展，比赛的宗教意味越弱，篮球赛已经逐渐回归到游戏娱乐的本质，并受到玛雅人的狂热推崇。

这种狂热从玛雅古迹中遍布城市的球场遗址就可以看得出来，据说最大城市蒂卡尔竟然有85座之多的球场，而这其中大多数都是分布在四周临近郊区的地方，专门为娱乐而打造的平民球场。

与市中心那些豪华而血腥的大球场不同，在这里举办的比赛少了一份生与死的压力，多了一份全民狂欢的轻松随和。比赛当天，农民全家出动，作为一家之主的父亲在最小的孩子脖子上挂一串鲜艳的辣椒，或者捧一个大南瓜，这相当于比赛的彩头，是有大作用的。

前文也提到过，参赛球队的运动员是分别隶属于各个神庙的年轻祭司，都是经过了严格挑选和长期训练的专业人士，球技和品貌都是一等一的。这也让他们成了祭司队伍里面最受平民欢迎的一群人，普通玛雅人可能记不全本城邦高级祭司或者贵族老爷的样子，但问起每个球队队员的底细特征，基本都会脱口而出。

玛雅球手雕像

在比赛之前，队员们都会悉心整理自己的着装，这也是比赛的看点之　：除了玛雅人惯常穿着的短裤之外，队员们还要戴上由五颜六色的鹦鹉毛制成的扇形羽冠，长度越长越好。胸前还要像橄榄球运动员似的穿好用细木条编成的护胸，从远处看很像一个人套了一个半截的藤条箱子，而老百姓最感兴趣的就是球砸在“箱子”上乒乒乓乓的声响。短裤前面还装饰有用贝壳和玉片串成的响链，跑起来相互撞击，清脆悦耳。

比赛用的球是用玛雅特产的生橡胶经熬制然后滚压成型的，弹性跟现在的实心弹力球相差无几，但是显然要大出很多，分量足有2500克重（现在标准比赛用篮球是600克）。虽然运动员都是经过千锤百炼的年轻小伙子，但是用这么重的球打一天比赛下来，也不是轻松容易的事情，况且他们还要想尽办法做出一些高难度的技巧动作，比如腰部和手肘配合颠球、转身打滚救球等来取悦神灵和观众，最可笑的还是当赛场出现失误的时候，队员一个不小心，彼此碰撞在一起，双双倒地，然后狼狈地做着各种补救的动作，场外的观众则笑翻了天。大家嘻嘻哈哈，不知不觉日已西垂，一天欢乐的比赛就结束了，而比分一如既往的是0:0，实际上因为得分实在太困难，往往一次比赛得了分，会被老百姓念叨好几个月。

全民狂欢

平局意味着没人会因为那个奇怪的“转会”制度被处死，而农民也会心安理得地把自己带过来的辣椒之类再拿回家，等于是免费看了一天比赛。而万一真分出了胜负，还真要把这些人气极高的年轻祭司送去给羽蛇神享用吗？当然不会，这又不是那种国王和大祭司亲身驾到的国家级重要赛事，只不过是乡镇级别的自我狂欢，所以那些血腥的传统到这里不过是走个过场而已。支持胜利一方的球迷只需把自己带来的彩头留给神庙就可以了，这相当于给神献了祭品。大祭司就会“开恩”饶了队长的性命，于是皆大欢喜，下一次祭典的时候农民又会兴高采烈地捧着南瓜和辣椒来看比赛了。

这种现象至少可以说明：玛雅人的经济发展程度是很可观的，在其他石器时代的文明还在为生存惶恐担心的时候，玛雅人已经有足够的财产富余来支撑起一项纯粹为娱乐而诞生的游戏活动，并且一年到头都有时间参与，乐此不疲。

从这点来看，玛雅农民的生活水平甚至比同时代的中国人还要好，虽然他们没有大陆上富饶的物产和广阔的山河，只有土地贫瘠的热带雨林和有限的物产。但是玛雅人竟然就在这种环境中产生了如此灿烂辉煌又悠闲自在的文明，这不得不让人感慨他们的伟大和不可思议。

一个蛋白质来源几乎没有，食物也仅限于玉米和极其有限的几种植物的文明，竟能发展到悠闲自在打篮球的富裕程度，绝对是值得尊重的。

v 中美洲阿兹特克绘画：玛雅人的礼仪性球赛，比赛中的球是实心橡皮球。球赛的胜利者通常被献祭给神。这被认为是传说中的神灵和英雄之间的比赛。

VISIBLE HISTORY OF THE WORLD

关键词：审美习俗／服饰／文身

天生爱美的玛雅人

■ 约公元前1500年～17世纪

玛雅人有非常独特的审美习俗和相当成熟的美学观念，十分推崇井然有序、精巧细致且颜色艳丽的事物。这种审美观念渗透到玛雅社会的方方面面，在玛雅人的服饰与文身文化中体现得尤为明显。

独特的审美观

在玛雅人看来头部越长则越高贵，因而玛雅的父母在孩子出生不久后就会把孩子幼嫩的额头和后脑勺用两块木片夹起来，这样随着孩子慢慢长大，他们的额头就会显得很扁平，而脑袋也变长变尖。在玛雅人看来，尖尖的脑袋是最美的，在玛雅残留的石刻中，我们可以看到玛雅人的头像额头部分总是十分平整地往上斜，可见在古玛雅时候，玛雅人就有用木板压孩子脑袋的习俗了。在玛雅的考古发掘中，发现大量的头骨都有人为的压扁的痕迹，这也证明了玛雅人以头部扁长为美的习俗一直都有，有人认为玛雅人之所以这样做是因为他们对玉米神的崇拜，长长的头部和玉米一样。

除了用木板压脑袋，使脑袋变得狭长外，玛雅人还会特意在孩子婴儿时期，在他的眼前挂一个小东西，诱引孩子将双眼集中在中间，这样日子久了，

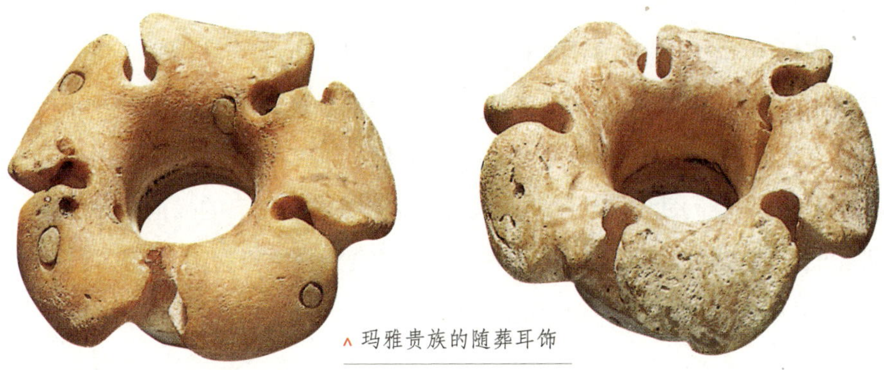

^ 玛雅贵族的随葬耳饰

孩子的眼睛就会严重斜视，就变成了我们民间所说的斗鸡眼。在我们看来斗鸡眼是一种病态，孩子如果得了斗鸡眼，父母会十分焦急，会千方百计地引导孩子改正过来，可是玛雅人却觉得生有斗鸡眼的孩子是高贵的象征。玛雅人的审美情趣带有很多原始宗教的意味，其中所隐喻的意思在今天已经不为人所知，这些奇异的审美或许源于某种崇拜，特别是对神的崇拜。

大羽华服

同任何等级社会一样，服饰在玛雅社会中不仅仅是满足基本的穿着需要，同样也是一个人身份地位贵贱的象征，什么样的人穿什么样的衣服都有一套严格而细致的规定，上下秩序俨然，不得逾越。

比如玛雅的壁画中经常出现的色彩鲜艳的羽冠，就不是普通人能拥有的，只有贵族、祭司和即将出征的武士才有资格戴这种用金刚鹦鹉翎毛制作的、五颜六色的花花帽子。平民百姓平常只能用绳子或者一块布束住头发，即使插上羽毛装饰，也只准用白色的或者暗色的火鸡毛，严禁用鹦鹉毛。

同样的规矩还体现在衣服的颜色和配饰中，玛雅老百姓是真正的"白丁"，衣服颜色只准用布料本身的白色，严禁用鲜艳的颜色印染或者在上面刺绣色彩明艳的大块图案，好在玛雅人的衣料只有亚麻布一种，没有绫罗绸缎，不然贵族一定会连布料也做出限制的。

玛雅贵族和祭司们的穿着就不同了，大体上是怎么鲜艳华丽就怎么穿：

不但衣料的颜色一律向金刚鹦鹉看齐，身上大大小小的饰品也要鲜亮贵重。各种闪闪发光的贝壳、玉石、动物骨头、羽毛等被玛雅的匠人以极其巧妙的手法镶嵌在贵人们穿戴的披肩上，一动便光彩照人、摇曳生姿，真是美不胜收。

另外，玛雅的武士还会用一种特殊的材料来装饰自己的战袍，那就是美洲豹的毛皮。当然，要猎取这种可怕的动物非要极端的勇猛和高超的技艺不可，所以身披美洲豹皮的都是玛雅的精英战士。

男女衣饰

撇开这种表面的华丽来看，玛雅人的衣服款式其实非常简单，男女衣物样式相加不会超过10件。其实，玛雅人生活在热带，一块遮羞布就足够了，但玛雅人还能弄出一大堆精致的披肩、裙子和凉鞋，也算是相当讲究了。

一般玛雅男人的标准穿戴是四大件：遮羞布、披肩、凉鞋和头饰。遮羞布就是一块长布条，绕腰间缠好再兜住胯下，最后打个结，款式有点类似于日本人的兜裆布。披肩也不是像电影里佐罗那样的大斗篷，只是一件起装饰和防晒作用的小方块布，讲究的会在边角做一些刺绣和装饰。凉鞋则是以鹿皮做底，用麻绳捆在脚上，方便而实用。发型上，玛雅男人一般习惯于梳朝天辫，插上羽毛之类的做装饰。这样打扮齐全，一个玛雅男人就可以出门了。

玛雅的妇女一般足不出户，出门则必须要用一条围巾盖住头脸，很像现在的穆斯林妇女一样，只不过玛雅妇女会把这条围巾做得很漂亮，边角缀满各种精致的装饰品，甚至到后来围巾已经成了玛雅妇女展示自己美丽衣着的最好平台。一般玛雅妇女习惯于穿一种直角筒裙，样式可以简单理解为一个白面口袋

由10颗美洲虎头像及38颗珠子组成的金项链。

上面裁出了几个用来伸出头和胳膊的洞。玛雅妇女一般在套上这裙子后再用带子束好腰，以方便干活。

普通的玛雅人的鞋子多半都是鹿皮和麻绳编织而成的，这种鞋子穿起来很轻巧，适合在丛林中行走，不过更多时候，玛雅人是不穿鞋的，因为穿着鹿皮做的鞋子走路在玛雅人看来是十分奢侈的事情，而光着脚走路似乎更方便。

^ 中美洲玛雅陶瓶画

此画描述的是长着山羊胡子，头戴动物头饰的玛雅贵族男子。

涂面文身

炎热的环境意味着人会有大片的皮肤裸露在外，在玛雅人看来这是绝好的展示自己审美的画布，所以玛雅人男女都文身，而且还喜欢用颜料来涂抹胳膊和面部，并且不同年龄段、不同身份的人会有不同的讲究。

玛雅的男人在结婚前只有一个颜色——黑，他们会用黑色的颜料涂得满头满脸都是，极端的还要把躯干和四肢也染成同一颜色，结婚以后这个习惯依旧保留，不过染料的颜色从黑换成了红。所以玛雅的已婚和未婚人士非常好区分，看脸红还是脸黑就可以了。

如果同时涂上红与黑两种颜色呢？那一定是勇敢的武士。如果有人跟阿凡达似的一身蓝色呢？千万别去惹他，那是尊贵的祭司的标志，而且一般涂满蓝色就意味着这祭司要去给人祭开刀问斩了。作为祭品的可怜俘虏则被涂了跟斑马一样的黑白两色条纹，生不如死。

这些都被生动地记载在了玛雅的壁画、典籍和浮雕中。涂脸、文身和羽毛冠如今已经成了辨识玛雅文明的特色，而且在他们的后代中依旧有类似的风俗遗留。

关键词:编织物 / 工艺品 / 服装材料

原始而绚丽的编织物

■ 公元前1500年～17世纪

在玛雅人生活的热带丛林中，有着丰富的藤蔓，它们坚固而富有韧性，是玛雅人重要的编织材料。在日常生活中，玛雅人会用这些东西编织箩筐、篮子、小型的婴儿床、捕鱼的网、席子等物品。玛雅的藤蔓编织物看起来比较粗糙，但是坚固耐用，是玛雅人的生活中必不可少的部分。除了藤蔓编织物外，玛雅人还种植棉花，手工织成的棉布是玛雅人传统的服装材料，这些布料一般都比较密实厚重，十分耐穿，玛雅人还会在织布的时候介入有颜色的线条，这样整块布料看起来就不会过于单一。

棉布碎片的发现

在玛雅的考古过程中，考古学家发现了大量的棉布碎片，这些碎片很多早就已经炭化了，不过我们还是可以从中看到复杂的纹理、精美的图案。在恰帕斯东方的特纳姆发现的棉布碎片是后古典时期后期的物品，但是可以肯定的是它们产生于西班牙殖民者入侵玛雅之前，而在奇琴伊察的圣井中发掘出来的布片则是更久远的年代的物品，从这些布片的结构纹理来看，它们应该也是后古典时期的物品。奇琴伊察的圣井中发现的布片虽然已经炭化，但是这让我们对圣井祭祀，投入美貌的少女的传说有了一番遐想，伴随这些布片一起被捞上来的还有一些金首饰以及贝壳等装饰物，这些恐怕都是那些被投入圣井中的少女的装饰，而发现的布片则是她们华美的衣服。

^ 坐着的身着传统衣饰的古玛雅妇女雕像

由于玛雅地处热带丛林，加上西班牙人的野蛮摧毁，玛雅古典时期及其以前的布料并没有发现，但是在古典时期的人物雕刻中我们还是可以看到当时衣着的一些风貌。那个时期，纺织物的种类十分丰富，而且编织上也显得异常复杂，其中还有精美的刺绣在里面。在石刻上显示的这些君王和贵族的服饰显然是被特殊装饰过的，而不同的图案和纹理也显示了这些人的身份特征，也隐喻了玛雅人的某种观念。在后古典时期的雕刻中，这些君王的穿着又发生了某些变化，其中图案取向上的变化最为明显，这显示了玛雅人对于纺织物的不断演化和丰富。

古玛雅的服装因为缺乏实证而难以直观地去感受它丰富多彩的内涵，不过在今天的尤卡坦半岛地区，传统的纺织技艺并没有消亡，一些偏远的地区，普通的玛雅妇女依然传承着这门古老的手艺。而在图案的编织上，她们所运用的是一种传统和生活相结合的方法，在这其中既有古老的玛雅元素，也有她们生活的感知在里面，因而这些编织物不但图案丰富，而且极少有重复的，这也正是玛雅传统服装的魅力所在。

传统的纺织

古玛雅的纺织工具和今天玛雅地区仍然在使用的纺织工具应该是一致

的，这种极其原始的纺织工具结构非常简单，而且操作也非常容易，不过纺织而成的布料也显得比较粗糙厚重。在今天，玛雅妇女用来纺线的工具是一个大约一英寸多长的木质纺锤和一个用来放置纺锤的陶盘，陶盘中间有一个空洞，尖尖的纺锤的一头就放在空洞中。在纺线前，先要用木棍将棉花和棉籽分开，剔除了棉籽后，玛雅妇女会用右手快速地转动纺锤，而左手则不断地捻着细长的棉絮，这样棉絮就会顺着一个方向捏成棉线。在今天，玛雅妇女用来织布的织机结构非常简单，是一种十分传统的背垫条式织机。大多数时候她们都会坐在院子的大树下面，织机横杆的一头固定在树上，而另一边的横杆则放在膝盖上，横杆两头的连线会绑在腰上，这样就可以用腰部的力量，将经线拉得紧紧的。织布的时候，玛雅妇女会将纵向的经线拉紧，而梭子则在经线之间不停地介入纬线，这样织成的布匹长可以超过3米，而宽度

墨西哥玛雅风格工艺品

通常都在1米左右。如果需要将布料加宽，玛雅人通常会将两块布料缝合在一起。在今天，东方恰帕斯的拉坎顿玛雅人还保留着传统的纺织工艺，她们所用的工具虽然简单，但是却能够纺出种类十分丰富的土棉布，这些棉布上的传统图案富有玛雅地方特色，是对古玛雅纺织工艺的一种传承。

在玛雅，不同的色彩有着不一样的意义，黑色是武器的色彩，因为坚硬的黑曜石常常被玛雅人用来制作刀斧长矛等武器；而黄色则是食物的色彩，因为玛雅人最主要的食物玉米是黄色的，玛雅文明是建立在玉米的广泛种植之上的；红色代表了血液，是生命的象征；蓝色通常是在祭祀时候用的，代表隐秘和神灵的沟通，是祭司独有的色彩；绿色是热带丛林中最为常见的色彩，是玛雅人崇拜的神鸟绿咬鹃的颜色，也是玛雅王族的色彩，危地马拉的国旗上就是绿色的绿咬鹃。玛雅的棉布在编织前，它所用的棉线就已经染上了丰富的颜色，这些色彩所用的颜料是传统的矿物和有机颜料，它们是从矿石和植物中提取的，其中有一种深紫色的颜料，它是从太平洋海岸边的一种海蜗牛中提取的，这就是非常出名的“泰尔港的皇家紫色”，西班牙人入侵玛雅的时候，他们就将这种独特的紫色颜料运回国内，赚取丰厚的利润。除了这种奇特的“泰尔港的皇家紫色”外，玛雅人还开发出了深蓝色和胭脂红等色彩，其中的深蓝色是从一种靛青植物中提取的，而胭脂红则是从一种以多刺的仙人掌果为食物的小昆虫的身体里提取的，这些染料在苯胺染料没有发明之前，曾经是西班牙殖民者重要的商品，它们在欧洲有着十分好的销路，特别是胭脂红的价格更是高得让人咂舌。

篮子和席子

古玛雅的各种藤编物历经漫长的年代早已成土，在今天我们只能从一些石刻中看到它们。在亚克斯切兰的第二十四根横梁上，刻着一只十分精致的篮子，这是我们发现的较为完整的篮子雕刻，整个篮子的上半部分采用的是斜纹编织的方法，而中部的阶梯状皱纹和小方格图案则采用了更为复杂的手法，在篮子的底部还装饰了羽毛。玛雅人还用棕榈树的纤维编织各种垫子，考古学家曾经在乌瓦夏克吞大广场的地下发现了一些奇怪的残留物，据分析这一小堆分解了的材料是棕榈纤维编织的地毯的残留物。在今天，玛雅人日常所用的篮子编织得都比较粗糙，不过坚固耐用，玛雅人往往用这些大篮子来装玉米和豆子等作物。也有精致的编织工艺，在某些偏远地区的手工艺人还在用十分传统的方法编织各种东西，其中在篮子的编织中，他们首先会将用来编织的叶子盘绕成卷，编成辫状，接着用一种极其巧妙的办法将这些事先准备好的叶子制作成篮子的形状。席子的编织相对简单得多，而编织的材料也更加丰富 ，有些席子是用柔软的长条形的叶子编织的，有些是用藤条破开后编织的，作为玛雅人日常生活不可或缺的物品，席子往往被用来睡觉或者平时席地而坐的垫子。考古学家认为，席子象征了统治者的权威，在奇琴伊察的王座上也有席子的雕刻。

历史断面

玛雅人的衣着

玛雅人穿的棉布衣服有着丰富的图案，而且在色彩上也非常艳丽，这些图案往往隐喻着深刻的寓意。考古学家认为，索克夫人袖子上的蛇形图案代表了天空，而菱形图案则代表了宇宙的四个组成部分，这些图案体现了玛雅人朴素的宇宙观。玛雅人认为，纺线和编织棉布是世界创造和人的一生的全过程，在这个过程里，编织显然是神圣的，是富有深意的。在今天我们看到的玛雅人穿着的衣服上的图案和古老的玛雅石刻上雕刻的服饰图案很多是一致的，这样体现了玛雅人在传统服饰文化上的一种传承。除了棉织的布料外，玛雅人还用树皮布做衣服，不过捣烂的树皮布衣服并不实用，它往往在祭祀的时候穿，这可能是一种比棉布更为古老的衣服。

关键词：神话／寓言／玛雅文献

玛雅人的神话与寓言

■ 始于公元前1500年

神话，记载了一个文明在发端时期形成的世界观和与自然抗争的辛酸史，是全民族共有的古老精神家园和珍贵的文化财富。玛雅作为一个历史悠久且辉煌灿烂的古老文明，自然也有一套成体系的神话传说和寓言故事，虽然由于殖民者的破坏，这其中的大部分已经失传，但从今天孑遗的那部分中我们仍可管中窥豹，略见玛雅人丰富的精神世界。

劫后余生

玛雅人拥有一套自己的独立而完整的知识和文化体系，千百年来在玛雅祭司的手中一代代地传承下来，并留下了大量用象形文字记录的经卷典籍，辉煌时期的玛雅文化可谓卷帙浩繁，辉煌灿烂。

等到笃信基督教的西班牙殖民者东来的时候，这套与他们的信仰格格不入的文化就成了他们的眼中钉肉中刺，必欲除之而后快。西班牙人自忖凭本民族那贫乏的文化积累根本无法在精神层面上同化玛雅人，所以采取了残酷的肉体毁灭的方式来灭绝玛雅文化，具体表现就是“焚书坑儒”，大量的经卷典籍被付之一炬，掌握玛雅文化核心的祭司阶层也被捆上火刑柱一扫而光。造成的恶果就是虽然如今危地马拉和墨西哥仍有玛雅人的后裔留存，但是他们对祖先留下的文化却一点概念也没有了，西班牙人结结实实干了一票文明粉碎机的勾当。

在这次大劫难之后，我们今天还能读到的玛雅文献仅限于四本残缺不全的象形文字手抄本以及两本用西班牙语写成的玛雅文化典籍。更因为玛雅象形文字已经失传，所以我们今天能借鉴的其实就是那两本西班牙语文献，即《波波尔·乌》和《契兰·巴兰》。

在这两本劫后余生、好不容易才保存下来的资料中，记载了玛雅人的创世传说和他们对于天地、自然、万物的认识，还有在玛雅社会广为流传的一些寓言和凄美的爱情传奇。

诺亚与田螺姑娘

在玛雅神话中，有一个跟《圣经》里面诺亚方舟很相似的故事。不过独具匠心的玛雅人还在这个故事里加了爱情的元素，使它听起来更像是诺亚方舟和田螺姑娘的混合版。

故事是这样说的，一个以伐木垦荒为生的小伙子，突然有一天发现他昨天砍倒的树木竟然都莫名其妙地长好了，小伙子不信邪，继续埋头伐木，可是第二天同样的事情又出现了。小伙子很愤怒，决定跟树木较劲，你敢再长

v 神灵正在天堂里接见前来的人类。在玛雅人的观念中这位神灵不仅可以使死人复活，还有着令复活之人再次死亡的不可思议的威力。画面右边为玛雅传说中的一对孪生英雄。

我就敢再砍，如是者三。第五天的时候一个拄着拐杖的老妇人过来劝住了小伙子，说她是主宰生死的大地女神，前几天让树木复活的事情都是她做的。小伙子很生气，埋怨老太太耽误了他的生计，老太太却温和地告诉他："众生多作恶，天神已经决定降下洪水毁灭这个乌烟瘴气的世界。而我看你是一个勤劳的人，就特来知会你一声，抓紧时间做一个密封的木箱，洪水来的时候就躲在里面避难，同时还要带上五颗玉米种子和五粒豆子，一条黑狗和五根用来保存火种的松枝，洪水退了以后你可以靠它们继续生活。"

小伙子听从了这个建议，果真回去做了一个木头箱子。5天后洪水如期而至，小伙子带齐了女神交代的物品躲进木箱，老太太自己坐在了箱子顶上。正当大难临头的时候，一只鹦鹉飞来落在她的肩头，一人一神一只鹦鹉和一条狗就开始了漂流的生活。

5年后木箱停在了一个山顶，大地女神忙着恢复被毁灭的生灵，匆匆告别。鹦鹉召唤来一群同伴，用嘴帮小伙子开垦出一片田地后也飞走了。小伙子找到了一个山洞暂且安身，与黑狗过起相依为命的生活。但是不久后，小伙子身边怪事连连：每天他回家的时候，家已经收拾得井井有条，饭也是热乎乎的。小伙子不由得怀疑到了那条黑狗的头上，于是有一天他假装干活，其实是躲在附近想看看究竟是怎么回事。

果然，那黑狗脱掉皮毛变成一个漂亮的姑娘，勤快地忙活起了家务。小伙子大喜过望，趁姑娘不注意的时候一把抓起狗皮丢进火里，姑娘见伪装被毁，只好死心塌地跟小伙子做了夫妻。两人生儿育女，人类就此重新繁衍兴旺。

在这个故事中狗占了很大的戏份，原因无他，因为狗是唯一一种被玛雅人驯服了的动物。中国人常讲"六畜兴旺"，玛雅人只有这一"畜"，当然会极为重视了。

玛雅的普罗米修斯

希腊神话中有盗火的普罗米修斯，玛雅人的神话中也有一个盗火造福人世的故事，不过主角不是天神，而是一只叫作科蒂的郊狼。

科蒂是一只机智而富有同情心的郊狼，眼见众生饥寒受苦，他决定去恶灵斯可可姆那里把火种带给人类。经过侦查得知火种被狡猾的恶灵藏在高山之巅，由三个凶恶的巫婆把守。科蒂见巫婆法力强大，无法强攻，只好智取。他回去召集众位神兽，组织了一个盗火团队，预备沿路采用接力的方式把火种传回来。

描述神话中“降伏天鸟”故事的玛雅人玉石画，这个神话可能表现出了玛雅人对征服自然的理想，而对玛雅人的信仰观念也有深刻的影响。

趁老巫婆换班的时候，行动开始了，打头阵的科蒂闯进去抓起一支火把就跑，巫婆在后面猛追，甚至一度揪住了科蒂的尾巴，但终究火种还是顺利地传到了第二棒美洲虎手里，然后狐狸、松鼠、羚羊、青蛙等依次接力，最后把火种扔进了一棵大树，巫婆不懂如何把火种从树中取出来，只好恨恨作罢。

尾巴被灼伤的科蒂却知晓把火种从树中取出来的方法——钻木取火。人类从他这里学会了这个方法，从此过上了温暖的生活。

以上两个神话主要描述了玛雅人的祖先在混沌初开的时候是如何与严酷的自然抗争的，属于玛雅文明初期的作品。后来随着文明的进步，越来越多反映玛雅人智慧和生活的寓言传说被创造了出来。

灵猴寓言

玛雅故事中同样有很多伊索寓言式的智慧小故事，这些寓言大多是以森林中的动物为主人公，讲述一些智者捉弄权贵的有趣故事，这些角色中最出名的是一只叫作祖珂的机灵猴子。

话说祖珂家境贫寒，却爱上了一只美丽的小母鹿，当他去求婚的时候，小母鹿却说已经跟高大魁梧的美洲虎订婚了。受挫的祖珂眉头一皱计上心来，故意装大牌说：“美洲虎算什么，不过我祖珂胯下一坐骑尔！”小母鹿听完以后哈哈大笑，说如果真能看到祖珂让美洲虎当坐骑，就改主意嫁给他。祖珂自信满满地接受了这个打赌，并说要小母鹿等着看好戏。

美洲虎闻言大怒，发誓要给祖珂点颜色看看。正好祖珂是十里八乡有名的乐师和厨子，美洲虎就决定让祖珂来操办自己的婚宴，让他当面看自己娶了小母鹿，受这心上人被夺之辱。于是婚礼当天早上，美洲虎就来请祖珂去做饭，祖珂以身体不适为理由百般推托，心怀鬼胎的美洲虎自然是百般相劝，务必要把祖珂拖到婚礼现场去丢人。

扯皮到最后祖珂提出，自己确实身体虚弱走不动路，如果美洲虎肯背他过去，他就勉为其难帮一把忙，还特别强调了，他到院墙外边就下地自己走，绝对不让别人看到美洲虎背过他。美洲虎想想也没什么大不了，就同意了。

一路上祖珂挑东拣西，从美洲虎背上摔下去好几次。美洲虎被他喋喋不休的抱怨弄烦了，只好把一些有助于在他背上坐稳了的鞍具都背上，一来二去就是全套装备了。等到来到院墙外边该下来的时候，祖珂突然用备好的马刺扎了美洲虎屁股一下，美洲虎疼痛受惊，嗷一声窜进了婚礼现场，还正好

∨ 郊狼科蒂历经艰辛传播火种。

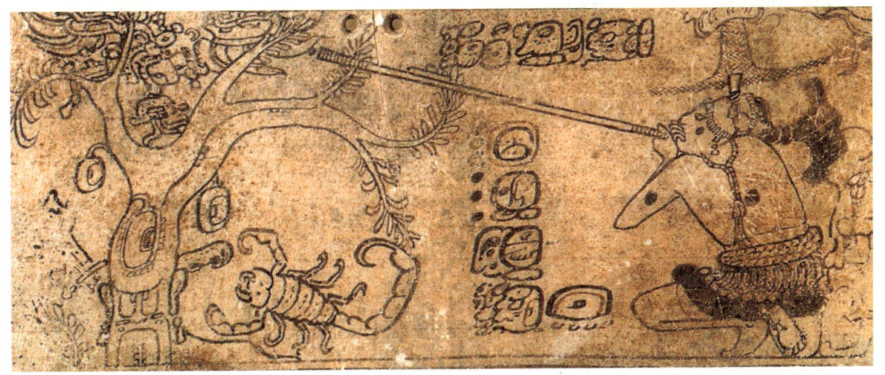

停在了羞羞答答的新娘子小母鹿旁边。

祖珂得意扬扬地把新郎的披挂拿来穿好，说："怎么样，美洲虎现在正是我胯下一头鞍辔齐备的好马，你该嫁给我了吧！"目瞪口呆的小母鹿只好认命，美洲虎则羞愧难当地逃走了。

现在一般认为这个故事是西班牙殖民者来了之后才被创造出来的，因为玛雅文明在这之前根本没有乘骑的概念，也就不可能在故事中这样详细地叙述又是

云雾中的玛雅遗址

鞍子、又是嚼子之类的马具的事情。很有可能故事中的灵猴就是玛雅人自己的化身，而愚蠢的美洲虎自然就是指那群自认为高人一等的白人殖民者了。

玛雅的故事以叙述生动、情节曲折、感情细腻而出名，对于不同人物的个性塑造极为出彩，虽然流传至今的并不是很多，但几乎篇篇都是世界民间文学的精品。这些故事用中文转述过来毕竟情节损失不少，要体味其中的神采韵味，还需要考古学家们的努力，一旦破解了那深奥难懂的玛雅象形文字，世人对于玛雅文化的了解一定会深入一大步，从而也终将会有更多的玛雅神话传说流传开来。

VISIBLE HISTORY OF THE WORLD

关键词:婚姻制度 / 禁忌 / 等级观念

神秘国度里的刻板婚姻

▪ 公元前1500年～17世纪

玛雅的婚姻习俗可能是玛雅文化中最让人提不起兴趣的一块，原因无他，玛雅人的婚庆礼俗实在太过平淡刻板，甚至比我们以前所谓“父母之命，媒妁之言”的“封建”婚姻还要乏味。

天定的婚姻

在玛雅人的观念里，婚姻是命中注定的，玛雅的年轻人从来都不需要自己选择对象，也不需要通过漫长的恋爱去打动对方。男子长到16岁，女子长到12岁，家里就会请来祭司和亲友为他完成一种叫“落神”的成年礼。在成年礼过后，男子的父亲就会为儿子物色对象，当他们看中了哪家的女儿后，就会请来专门做媒的人对两个人的生辰八字进行核对，如果双方没有什么冲突，符合上天的意愿，那么这对人就可以结为夫妻。男子的父母会置办丰盛的食物，约定一个好日子和对方的父母及媒人进行商定，确定婚姻关系，如果双方满意，男方就会送上不少的彩礼给女方作为补偿。

玛雅人的婚姻看起来很简单，其中也包含了很多因素，首先大多数玛雅人的生活并不富有，这也使得玛雅人在婚姻上更多地考虑了物质因素，而非精神，而玛雅人结婚很早，女孩子十三四岁就结婚了，这么小的年龄很难说有什么深刻的爱情观念在心里。其次在玛雅人心中神才是最神圣的，他们更多的是将自己的灵魂奉献给神灵，而非爱情，在玛雅人心中爱情和婚姻的概念是模糊的，他们更多的是考虑家庭，考虑未来的家族繁衍问题。

玛雅人的订婚只是婚姻关系的确立，并没有正式进入婚姻生活，在婚姻关系的确定和婚姻生活的开始之间有相当长的时间，而这段时间男方需要给女方家庭劳动作为补偿，而这段时间无疑给男女双方了解和培养感情创造了极有利的条件。玛雅人的婚姻看似“命中注定”，其实也有很多余地，在婚姻生活之前，他们很大程度上可以完成爱情的历程。

七年的苦力

玛雅夫妇雕像

在中国的农村，年轻的小伙子如果喜欢上某户人家的姑娘，他便会千方百计地接近她，这时候，如果女方的家长不反对，他就会主动帮助女方家庭干农活，小伙子可以通过干活来证明自己的勤劳、健康、能吃苦，而女方的家长也可以仔细地考察未来的女婿，如果双方都觉得满意，就会在合适的时候确定婚姻关系。玛雅的小伙子比起中国的小伙子似乎要更辛苦点，他们在订婚后，会在女方家里做六年或者

^ 玛雅夫妇绘画

七年的力气活，而干这些活是没有任何报酬的。如果小伙子身体不行，或者品行不好，想偷懒都逃不过女方家长的眼睛，而这时候，女方会有足够理由拒绝这门婚事。作为男人，有机会和自己未来的妻子一起劳动，在七年的时间里有足够的机会了解她，如果她的表现让自己失望，那么小伙子也有机会摆脱这门婚姻。

事实上在大多数时候，父母定下的婚姻作为子女都会顺从，而门当户对似乎在某种程度上保证了婚姻的合理性和可行性。小伙子来到丈人家后多半都会拼命地干活，博得丈人的喜欢，因为在玛雅人看来，一个小伙子被丈人赶出来是极其可耻的事情，他会被视为懒惰的男人，这在玛雅的社会里是没有立足余地的，更别说再找一个女子，再干上七年的苦力了。当小伙子做完七年的苦力活后，便可以名正言顺地娶自己的女人回家了。玛雅人的婚姻仪式并不复杂，他们和中国人一样，选定良辰吉日，准备好丰盛的食物宴请客人，而前来庆贺的客人则要带来丰厚的礼物送给新婚的夫妇。在婚礼上，新郎会系上母亲亲手缝制的装饰着美丽的鹦鹉羽毛的腰带，而新娘则穿上婆婆给自己做的新衣衫和新裙子，这些服装图案精美，极具玛雅民族特色。

一夫一妻

玛雅的男人如果条件允许，他们可以拥有多个妻子，但绝大多数的玛雅男人都只娶一个妻子。在玛雅人的婚姻生活中,男人有权休掉自己的妻子,女人也可以结束婚姻,离开男人。玛雅人在婚姻上的这种自由让婚姻的破裂变得异常容易,原本建立婚姻就缺乏感情基础的玛雅家庭则更容易走向破裂,但事实上玛雅人的一夫一妻制的婚姻习惯却一直在实行着。在玛雅人的婚后生活中,婚外情的现象也比较普遍,玛雅男人除了拥有妻子外,往往会在外面拥有数个情人。有时候,玛雅男人会把自己的女奴作为自己的妾室,也会和未婚的女子发生关系,而这些在玛雅社会里是不会惹来什么麻烦的。

在我们看来,玛雅人的婚姻是比较死板的,夫妻生活也缺乏激情和甜蜜。但是玛雅的夫妻为了子女和家庭,往往会继续下去,而玛雅女人在生育的年龄里几乎每年都要生育子女,这样也让婚姻变得更加牢靠起来。几间石头和泥土围成的草棚,一对夫妻,七八个孩子,一条狗,一大片玉米地或许就是玛雅人最为普通的家庭生活了。

离婚在玛雅家庭中也时常发生,不过在玛雅人的观念里,婚姻的破裂并不是悲剧,而是新生活的开始,离婚后两个人依然可以保持很好的关系。有些男人一生中结十多次婚,除了第一次婚姻是神圣的,需要祭司前来主持外,另外的婚姻仪式也就没有那么重要了,很多都是草草了事,而且七年的劳力也多半免了。

婚姻的禁忌

在玛雅人看来,天作之合才是最重要的,所以婚姻关系的确立首先要看上天的意思,只有符合上天的要求,男女才能结为夫妇。除了天意之外,玛雅人对婚姻还有诸多的禁忌,而主要表现在男女双方不能来自同一个宗族,也就是他们必须异姓。近亲结婚也是被禁止的,其中兄妹关系、表亲关系都在禁止之中,这种血缘关系上的禁忌,和中国传统的婚姻习俗十分相似。在伦理上玛雅人也有着诸多的要求,比如兄弟的寡嫂、后母、妻子的姐妹等有悖伦理的结合是绝不允许的。

在古玛雅社会中，等级关系十分明显，一个贵族的子弟是不可能去娶一个贫民家的女子的，更不可能去贫民家做七年的苦力活。在大多数时候，婚姻在同一个村落或者相近的村落之间进行，而结合的双方家庭在经济条件上也比较接近，用现在的话说就是知根知底。作为父母总希望自己的子女能够有个好的归宿，玛雅的父母虽然拥有子女婚姻的决定权，但绝对不会任意去选择，他们的深思熟虑有时候使婚姻关系更符合玛雅的社会环境和经济条件。

历史断面

玛雅人的成年仪式

在玛雅人看来，青春仪式是十分重要的。为了举行这个仪式，孩子的父母要请祭司选择一个吉日。当日子确定后，父母就会为这个仪式准备丰盛的食物，以便招待前来参加仪式的贵客。通常的贵客是主持仪式的祭司、亲人以及邻居。仪式开始之前，祭司会在大厅里进行驱鬼，之后大家又将大厅重新清扫一遍，并铺上新鲜的树叶。一切就绪，祭司就会让孩子站在大厅里，用一块白布盖在他的头上，并对孩子念祷告词，如果孩子比较大，他们会询问一些关于孩子是否作恶的问题。最后，祭司会用一根骨头敲打孩子的前额九次，用水把前额、脸部、手指和脚趾等各个部位的空隙打湿润，并将白布拿下来。这时候，前来参加仪式的亲朋好友就会取出烟斗，点上烟叶朝孩子吐烟气，而父母则会送礼物给孩子。除此之外，祭司还要将主人家献给神灵的酒一口喝干，以表示对神的敬意。在仪式中，父母还要事先为孩子请来年长的老人作为孩子未来的教父或者教母，他们在以后的日子里帮助孩子走向成熟。仪式结束后亲朋好友开始享用主人家准备的丰盛食物，大家往往因为开心喝得烂醉。

关键词:性别差异 / 男尊女卑 / 平等观念

男尊女卑的玛雅人

■ 公元前1500年～17世纪

男女在性别上的差异是天生的，而在社会和家庭中地位的差别则受到多种因素的影响。在古代的中国，男尊女卑，女人在社会和家庭中都没有太多的发言权。在玛雅人的生活中，也有类似的情况，女人的地位总是低男人一等，她们基本上没有什么发言权，也不准参加各种宗教仪式，更不准进入用于祭祀的神庙。在日常生活中，玛雅的妇女主要负责菜园的看管、各种食物的采集、棉布的纺织以及其他的家务劳动。玛雅的妇女一生中要生很多子女，这也使得她们把大多数时间和精力都耗费在家庭上了。

男女有别

在玛雅人的生活中，男女有别是从孩子一出生便开始的，作为父母和亲人，他们在孩子幼儿时候就给他们灌输这样的思想，让他们从小就接受男人地位高、女人地位低的思想观念，而在现实生活中，这种地位的差别也耳濡目染地影响了孩子的观念，因而这种固有观念一代代的传递是很难改变的。在玛雅的家庭中，男人和女人是不能一起吃饭的，玛雅妇女做好饭菜后都会让自己的丈夫先吃，再自己吃，如果有人在丈夫前吃饭，那便是犯了大忌，会受到上天的惩罚，玛雅的妇女自小就被灌输了这种思想，因此，在她们的心中，男人先吃是天经地义的事情，没有什么不合理的，更不会有女人做先在丈夫之前吃饭这样“愚蠢”的事情。除了吃饭之外，玛雅妇女在其他各个方面也应该服从丈夫，特别是玛雅的妇女自从结婚后便要不停地生孩子，差不多每年都会有一个孩子出生，而这些孩子因为生存环境差，死亡率也很高，玛雅妇女一生中往往要生十来个孩子，而真正能够长大的却只有七八个，这或许是玛雅妇女最大的悲剧了。

羞涩的玛雅女人

玛雅女人在走路的时候，会习惯性地低着头，特别是碰到男人的时候，她们就会很自觉地避让到路边，低着头让男人过去，如果有女人敢偷看路过的男人，那会让人传为笑话，甚至觉得这个女人是淫荡的。玛雅的夫妻一起

v 美洲玛雅人的花瓶装饰画，描绘国王接见到访的权贵。

外出，女人总是默默地跟着，绝不会走到丈夫的前面去，就是并排走也是不可以的，这些约定俗成的习惯使得玛雅女人觉得自己天生就低男人一等，她们只是男人的附属品，不过其中也有一些玛雅妇女思想觉醒，希望提高自身的地位，可是在这样保守的大环境中，她们的观念是很难得到理解的。

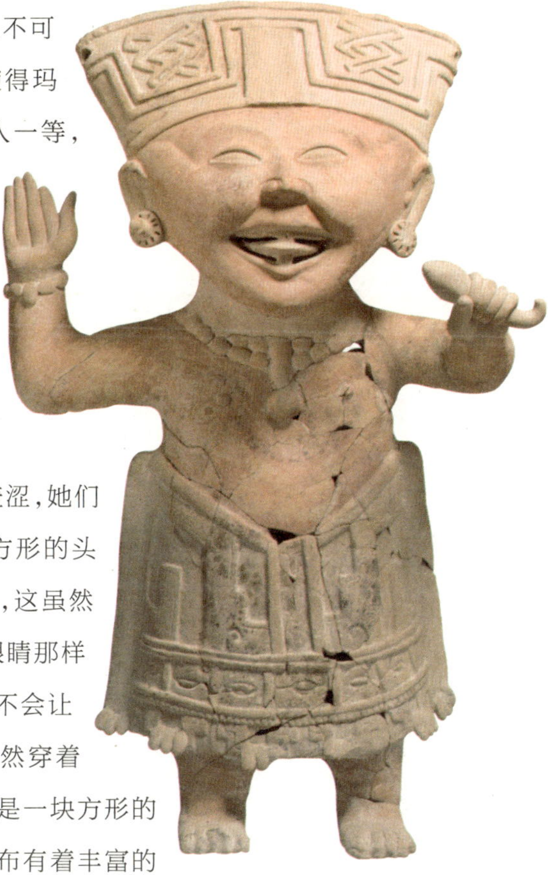

玛雅妇女通常表现得很羞涩，她们在外出的时候总会披着一块方形的头巾，漂亮的头巾包着大半个头，这虽然比不上阿拉伯女人只露出双眼睛那样保守，但玛雅女人的穿着绝对不会让人感觉到她们很开放。她们虽然穿着裙子，但是她们的裙子多半就是一块方形的手工织成的玛雅土布，这种土布有着丰富的图案，而且显得十分厚重，它可以将玛雅妇女从膝盖到胸口的上部之间包裹得严严实实的。

∧ 戴着方形头巾的古玛雅妇女雕像

玛雅妇女喜欢待在家里，她们往往过着深居简出的生活，虽然她们要做十分繁重的家务，但是她们从来都不会有太多的抱怨，在旱季，玛雅妇女会从数十米深的水井里将水打上来，然后存放在家里，等外出劳作的丈夫回家后洗个澡，如果哪个女人懒惰得不肯打水，那她肯定会被丈夫马上休了。

关键词：玉文化／玉石崇拜／玉器雕像

玛雅人的玉文化

■ 300年～800年间为鼎盛期

在中国人眼里玉石是天地精华，拥有日月气息，人佩戴玉石可以避邪，能受玉石的影响，拥有玉石一样美好的品质。玛雅人喜欢玉石又源于什么，他们是否有着和中国人一样的想法？在玛雅，考古学家发现了青玉面具，在中国也出土了类似的面具；古玛雅人有玉石做的衣裳，中国有金缕玉衣，这是巧合还是有着某种联系？一直以来都有一种说法，玛雅人是殷商末年从中国迁移到美洲的一个部族。不过，这样的猜想缺乏依据，玛雅文明的发展有着自身的特质，玉石文化只是玛雅文化的一个重要组成部分。

爱玉的玛雅人

中国人对玉石情有独钟，世人所知，而在太平洋的对岸，古玛雅人对玉的偏爱并不亚于中国人，在玛雅的祭司和君王的墓中出土了大量的玉器就证实了这一点。玛雅人对玉石的崇拜是因为玛雅人觉得玉石拥有生命，拥有生生不息的力量，青翠的绿玉是玛雅人最为喜欢的，它好像草木一样，生生不息。玉在玛雅人心中还隐喻着雨，代表着大地的恩泽；隐喻着血，代表着生与死。在玛雅人的祭祀活动中，他们通过玉石和神灵沟通，这一点和中国的古人是一致的，古代的中国人也用玉石雕刻各种神器，作为祭祀之用，周公就曾经用玉圭祷告天地，表露自己对成王的忠心。

玛雅的玉石多产于高地莫塔瓜流域，在当时，玛雅人开采玉石是极其困难的，但是作为最奢侈的物品，玛雅人从来都没有放弃过对玉石的偏爱。在玛雅，玉石作为极其稀有的物品，一般的玛雅人是根本无法拥有的，玛雅城邦的君王或者大祭司都会通过各种途径获得玉石，有时候为了获得玉石，玛雅的君王会不惜一切代价，甚至发动战争。玉石作为神圣之物，在玛雅人心中具有十分重要的地位，玛雅的君王和大祭司往往会通过佩戴玉制的耳环、项链、面具、手镯和胸饰等饰物来彰显自己的身份和地位。君王有时候甚至在牙齿中嵌入翠玉碎片，而在他们死后，又会将自己生前佩戴的玉石带到地下去，因为他们认为拥有玉石，就代表了他们不一样的身份，在另一个世界里，他们同样会获得权力和地位，而且玉石可以保持身体的洁净，并能帮助他们顺利地升天和转世。

∧ 玛雅人的神像玉佩

玉石的加工

中美洲出产的绿玉是一种硬玉，它与中国翡翠硬玉不同，相对来说美洲绿玉没有中国硬玉透明程度高。通常美洲绿玉从深绿到浅蓝绿，从灰色到白色，而且美洲玉的纯度比起中国翡翠玉低很多，美洲绿玉往往拥有很多杂质。美洲绿玉硬度很高，通常在6.5到6.8之间，这是相对于钻石的硬度为10来说的。

玛雅文明虽然辉煌，所取得的成就灿若星辰，但它始终没有脱离新石器的范畴，玛雅人直到后古典末期才使用铜制的工具，而更多的岁月里，玛雅人使用的只是石制的工具，坚硬而拥有锋利的断面的黑曜石一直以来是玛雅人最有效的工具。这种石制工具用来加工石灰石板上的图案并不困难，但是用来雕刻和切割比它坚硬的玉石却是不可能的。

玛雅人获得玉石的毛料后，首先会耗费大量的时间将玉石打磨，这种通过磨耗来使玉石获得大致形状的办法虽然耗费时间，但是却很有效。当玉石的大致形状磨好后，玛雅人会对玉石的某些部位进行切割，比如玉人，他们会根据情况将两腿的位置切割开来。要实现切割，首先需要用坚硬的黑曜石在准备切割的部位先磨出一个小凹槽，然后再通过细线在凹槽处来回拉动来切割玉石，在切割过程中，需要不断地加入极其细小的石子和水作为切割剂，这样切口会不断地加宽，切割也会加快很多。

玉器表面的一些图案和造型，玛雅人一般都采用十分锋利的黑曜石工具，慢慢地琢磨加工而成，这是十分原始的手法，一些很普通的线条图案，或许要经过十分漫长的时间才能加工好。而玉器表面和切口等部位的打磨抛光等则采用原先切割磨损下来的细小的玉石粉末，通过慢慢地磨耗来完成。玛雅人对玉石的爱好让他们锲而不舍地去做这些单调而又耗费时间的事情，而最终一件令人满意的玉器的制作完成也并非易事。在玛雅考古中虽然发现了大量的玉器，但是真正的精品却很少，而在不同时期，玉器制作的水平也不一样，在玛雅文明最辉煌的古典时期的后期雕琢而成的玉器最为精美，而相对的玛雅后古典时期雕刻的玉器则显得粗糙得多。

玛雅最早的绿玉雕刻可以追溯到古典时期，一个雕刻于公元320年的作品，这个玉器虽然在切割上并不完美，但是它较好地运用了雕刻的技艺。这件玉器雕像及雕刻的文字十分成功，虽然其中的部分线条有些模糊，但这已经是十分难得的作品了。

^ 墨西哥玛雅遗址帕伦克铭文神庙墓室内的太阳神翠玉面具

到了后古典时期，绿玉雕刻工艺有了很大的进步，这时候的玉器雕刻的刀法显得更加圆润流畅，而在器物的造型上也脱离了最初的那种原始性，显得精致起来。在危地马拉城郊区发现的一件早期的玛雅玉雕作品，高15厘米，是个站立着的小玉人，设计十分精巧，整个玉人身体朝前，鳄鱼头的头饰侧向左方，看起来像是一个勇猛的武士。

在奇琴伊察发现的绿玉头像是一件更为精美的作品，这件高9.5厘米的绿玉头像的年代可以追溯到674年，整个头像的后侧是中空的，上面刻着铭文，而头饰则是一只勇猛的美洲豹的头。考古学家还在乌瓦夏克吞的庙宇的台阶下发现了一尊有着长方形眼睛的绿玉雕像，这尊雕像上有一个空洞，考古学家推测这是用来悬挂的空洞。

神秘的青玉面具

1952年，墨西哥考古学家鲁兹对帕伦克最雄伟的“铭文神庙”的挖掘进入最后时期，鲁兹和他的同伴在金字塔最底层的下面发现了一个装饰着泥塑浮雕的拱顶大厅。在这并不宽敞的大厅中间摆放着一具石棺，石棺长差不多有5米，宽3米，一块厚20厘米的石板将石棺盖住。当鲁兹和他的同伴将巨大的盖板揭开的时候，发现死者的骨骸已经腐朽，在石棺的一头有一个古怪的青玉面具，异常醒目。这怪异的青玉面具在玛雅地区的考古过程中还是第一次被发现，它并非一整块玉石雕刻而成，而是一小块、一小块的青玉顺着人脸型的弧度逐一地拼凑而成的。整个面具看起来有一种碎裂感，但又是那么自然，青玉面具的眼睛位置是用白色的贝壳制作而成的，白色的中间是黑曜石点缀起来的眼睛。这个非同凡响的青玉面具，让人仿佛看到死者生前的样子，神秘中有一些阴森，仿佛来自阴间的鬼魂附着在上面一样。除了青玉面具之外，考古学家还发现了一些零星的玉器——耳坠、冠冕、耳饰、项圈、胸饰、手镯、唇盘、戒指等凌乱地散落在边上。

青玉面具的主人拥有巨大的金字塔坟墓，他的身份非同一般，考古学家推测，这是一个在古玛雅时期拥有举足轻重的地位的大祭司。他掌握着玛雅的文字、历法、祭祀等知识，青玉面具作为大祭司最宝贵的随葬品出现在墓中，可见玉石对玛雅人的重要性。

历史断面

玛雅人的工艺品

玉器虽然是玛雅人的最爱，但是毕竟玉石十分稀少，而且打磨起来也非常困难，它只是一小部分人的玩物。在玛雅人的生活中，石雕、贝雕、骨雕、木雕等各种雕刻工艺品更为常见，而且要完成这些雕刻也比玉石雕刻来得容易得多。比如玛雅人要完成一块石雕工艺品，首先他们会选择一块适合雕刻的石头，并用黑曜石斧头将石头慢慢地砍出大致的形状来，然后再用坚硬而细微的沙石慢慢地打磨，直到这块石头被打磨得十分光滑为止。完成打磨工作后，玛雅的手工艺人会用黑曜石制作的尖锐的工具在上面刻出图案，接着根据这些图案慢慢地琢磨出各种造型和线条。一件雕刻精美的石雕作品需要手工艺人的独具匠心，而事实上，玛雅的手工艺人在这方面是极其擅长的，可以说他们是历史上最优秀的雕刻大师。

关键词：玛雅雕刻 / 工艺 / 木雕

美轮美奂的玛雅雕刻

- 公元4世纪～17世纪

生活在热带丛林中的玛雅人是天生的艺术家，在石雕、玉雕、泥塑、陶艺、编织等方面都有出色的表现。通过多年的考古发掘，人们对于玛雅人的艺术风格和技艺有了一个比较全面的认识。而在众多的技艺中，玛雅人的雕刻艺术无疑是最为出众的。在今天我们可以在各大古城遗址中看到精美绝伦的雕刻精品，这些雕刻艺术品历经千年风雨，很多都已经残缺了，留下了岁月的痕迹，但是我们依然可以透过那隐约的线条窥见玛雅手工艺人非凡的想象力和创造力。

从侧面到正面

玛雅早期的碑刻出现在佩滕中心北部的乌瓦夏克吞，这是一组出现在公元4世纪前后的石头雕刻，雕刻中的人物表现的是一种侧面的姿势，头、脚、腿以侧面形式雕刻，而躯干和手臂则以正面的形式雕刻，通常脚是一前一后的造型。这种玛雅早期的人物雕刻造型看起来有些稚嫩，不怎么协调的造型给人以一种原始的美。在公元435年后，乌瓦夏克吞地区又出现了另一种雕刻形式，它看起来比先前的雕刻显得自然了很多，在脚部的处理上，采用了后脚趾前伸与前脚踝重叠的形式。这种侧面展现人物的样式在玛雅以后的人物雕刻中一直被沿用着，是玛雅最常见的一种人物雕刻样式。在蒂卡尔和乌瓦夏克吞还出现了玛雅最早的正面人物雕刻，这些人物雕刻的正面形象已经被人为地破坏了，不过我们仍然可以看出这些雕刻是和玛雅传统的侧面人物雕刻手法完全不一样的雕刻样式，在残留的手脚和脸部的下方都是以一种正面的姿态展现人物的面貌的。不过可惜的是这种表现方式并不为玛雅人所接受，在后来也没有获得发展，在雕刻上玛雅人一直都倾向于侧面的表现手法。

碑刻的发展

玛雅最早的石碑出现在608年，这一时期的碑刻造型上还很原始，神龛很浅，人物只能采用高浮雕的手法来进行雕刻，由于这些石碑表现力度不够，看起来很生硬。687年的石碑在雕刻上则有了显著的改变，这一时期，石碑在人物造型上生动了很多，而且更深的神龛使人物在造型上有了更多的表现余地。特别是在脸部造型上，玛雅人进行了比较细致的刻画，不过在形体比例上还是不很协调。731年的石碑已经臻于完美，在人物构图和雕刻手法上，玛雅的手工艺人采用了更加灵活的方法，足够深的神龛让雕刻富有表现力，协调的人物造型一般都采用坐姿，高浮雕法和薄浮雕法完美地结合了起来，人物形象生动而传神。

墨西哥奇琴伊察古城遗址的浮雕

在古典主义后期，玛雅的雕刻艺术发挥到了极致，在将近一个半世纪的时间里，玛雅的雕刻异彩纷呈，各种雕刻形式臻于完美，在今天我们很难说哪一种雕刻是最完美的。14号石碑是皮德拉斯·尼格拉

斯最精美的纪念碑之一，它通过人物侧面展现了人物独特的造型，是传统人物造型雕刻的精品。碑铭神庙地下墓穴中的棺盖上的浅雕则以细致优美的线条和神秘的图案吸引世人，这幅精美的雕刻的表现力不在于雕刻手法和技艺，而在于它整体的构思上的统一性和简洁性。

建造于761年的皮德拉斯·尼格拉斯建筑，其中3号墙壁饰板是玛雅雕刻艺术的精品，是高浮雕和薄浮雕的完美结合，在饰板的某些部位上整个手臂和腿全部被刻画了出来。饰板图案中的祭司的形象十分生动，在他背后是一个面具，它的两侧每端各有三个站立的人像，在祭司的宝座前的地上共有7个盘腿而坐人像，他们共同面对着一个祭坛。在古典时期的后期，区域性风格的雕刻开始发展起来，各个地区在雕刻上有了一些差异，这种差异性体现在雕刻的某些特征上，在乌克斯马尔有16组雕刻石碑，这些石碑中最杰出的是7号石碑，7号石碑虽然雕刻精美，却过分注重华丽的装饰，这使得雕塑过于烦琐而缺乏古典主义的大气。

后古典时期的雕刻在技巧和灵感上已经远不如前，在画面布局和人物比例上都缺乏协调性，而过分复杂的细节设计使得图像混乱不堪，由于这一时期社会动荡不安，玛雅人在雕刻上显得力不从心。这一时期的雕刻大多是通过建筑物的装饰雕刻来表现的，在奇琴伊察的考古过程中，人们发现了四组精美的石碑雕刻，只是这些石碑并非是后古典主义时期的作品。其中古典主义时期玛雅人的雕像是横卧的人物石像，通常石像的脸部朝向右侧或者左侧。这样的石像在奇琴伊察发现了很多，其中两个雕像还保留着嵌入的骨头，这些光滑的骨头代表着眼白、手指甲和脚趾甲。每一个人物石像都用双手紧抱着一个圆盘，圆盘被放置在腹部，这个姿势代表了玛雅人献祭诸神，祈求降雨的含义。

美洲虎宝座大小如真的美洲虎差不多，它的背部平坦，是王座的位置，这样的宝座在蒂卡尔、皮德拉斯·尼格拉斯、帕伦克、乌克斯马尔、奇琴伊察都有发现，其中奇琴伊察的武士神庙的壁画也有美洲虎宝座的图画。标准的

^ 位于墨西哥尤卡坦州的乌克斯马尔古城遗址

送信人通常是一个0.9米左右高的小人雕像，雕像前臂水平伸展在前方，双手握成一个圆形的洞，旗杆可以穿过其中。在奇琴伊察发现的标准的送信人是一个左膝跪地，右手握着旗杆的雕像。

木雕工艺

玛雅的古城遗址地处湿热的热带丛林中，木雕作品通常很难保存下来。今天我们能够看到的玛雅木雕很少，其中建于751年的蒂卡尔金字塔神庙的门廊木雕是我们能够看到的为数不多的木雕作品，这一组作品雕刻十分精美，是玛雅木雕技艺的完美体现。这一组木雕中，每个横梁都有4到10根柱子，柱子的长度在18厘米到45厘米之间不等。木雕主体的门梁是玛雅手工艺人着重装饰的地方，在横梁上有一个羽蛇神像，它的身体成拱形，在中部形成了一个神龛，神龛的宝座中坐着的是一个祭祖的形象。羽蛇神的蛇头朝向左方，它那阔大的嘴中吐露出一个神的下半身，羽蛇神的尾巴朝向右方，以一旋涡式的装饰纹收尾。象形文字填满了横梁左上方和右侧的空处。在这一横梁的顶端是一只张开双翅的大鸟，它是玛雅特有的绿咬鹃的形象。在蒂卡尔巴卡拉湖南端的西方的7号神庙中考古学家发现了一条同一时期的横梁，不过这条横梁上并没有复杂的雕刻造型，它的上面只有八个隐秘的象形符号。

在奇琴伊察大球场西墙顶端的美洲虎神庙的内部门道上有一组保存完好的木制横梁，横梁两侧的柱子雕刻着同样的花纹：一个用双手高高地托着太阳圆盘的人，而羽蛇则将他缠绕在中间，左右两个人的面部一同朝向中间的神坛。这组雕刻十分精美，是玛雅木头雕刻艺术品中的精品，不过其中另外一些木质雕刻却在西班牙殖民者入侵的时候被入侵者用刀砍毁了，在精美的雕刻和深深的刀痕中，我们可以看到当年西班牙殖民者入侵玛雅时那火与血的岁月。

历史断面

玛雅木雕

今天我们可以看到大量玛雅石雕作品，但是木雕作品却少之又少，这和玛雅独特的气候环境不无关系。玛雅在西班牙殖民者入侵后的两百年里，几乎没有人去探寻也是一个很重要的原因，大量木雕很可能在这一时期腐朽了。当这个神秘的国度进入人们视线后，大量来自世界各地的探险者开始深入尤卡坦半岛的丛林中，他们的探险并不是真正意义上的考古，从某种程度上说，他们破坏性的发掘也给文物造成了极大的破坏。美国驻尤卡坦的外交官约翰·劳埃德·斯蒂芬斯是个考古爱好者，1840到1841年间，他曾在乌瓦夏克吞考察，并写下了一本关于玛雅文明的游记。他在统治者宫殿中发现了一根雕刻着精美图案的常青树柱子，他离开时将这根柱子带回了美国，可惜这根柱子在一场大火中被烧毁了。

专题

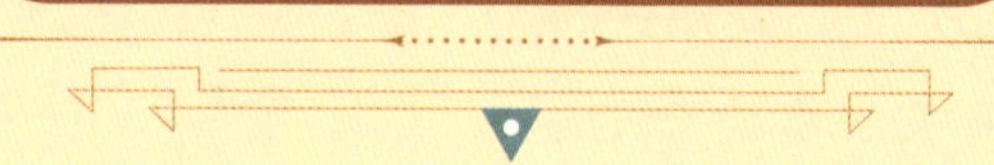

黄金帝国——印加

⊙12世纪～16世纪 ⊙印加人 ⊙马丘比丘、印加帝国

印加帝国是美洲文明的重要代表之一，当马丘比丘的雄奇与壮丽被世人所知时，人们才知道这个被西班牙殖民者所摧毁的国度曾经是多么辉煌。印加帝国盛产黄金，在遍布黄金的国度里，一切都那么耀眼。但也正是因为黄金，田园诗般的意境被打破，印加帝国在阴谋与枪炮中沉沦、没落，成了尘封的历史。

马丘比丘的发现

被评选为世界新七大奇迹之一的马丘比丘古城高高耸立在海拔二千四百多米的山巅，静静俯瞰着山下的乌鲁班巴河谷。四百多年的时间里，西班牙征服者都没有发现这座修建在天上的古城，只有翱翔在安第斯山间的雄鹰互相传颂着马丘比丘古城的雄奇与壮丽。

直到20世纪初，这座荒废已久的空中城市才被世人发现。这座建于12世纪的古城拥有完善的灌溉系统，每一个角落都显示出印加人对天上日月星辰运行轨迹的理解与运用。城市中的每一座建筑都是用石头堆砌而成。这些石头间没有采用灰浆黏合，而是靠精确的切割堆砌来建造，堪称建筑史上的一个奇迹。自称太阳神子民的印加人虔诚地供奉太阳神。为了接近太阳神，他们用世人无法想象的毅力把城市修建在最高的山巅，沐浴在阳光之下。印加人惧怕太阳消失在西方的天空，失去太阳神的恩宠，因此在古城的祭台上还朝东安放了一块打磨平滑的长方形巨石，希望能够将太阳牢牢拴在印加人的上空，永不沉沦。

印加文明的生成

印加在14世纪中叶以前为秘鲁高原的小部落，百余年间从一个无名部落迅速崛起，最后创建了古代美洲最强大的帝国。在安第斯地区，考古所提供的风格特异的陶器和编织物，使印加及其以前的文明史逐渐为后人所了解。大约在12世纪，从南方迁入的印加人开始定居于库斯科峡谷。那里海拔高达3400米，虽地处热带，气候却凉爽宜人，有上百个小部落在这里生息繁衍。这些部落分属克丘亚、艾马拉、莫切卡

▾谜一样的马丘比丘城，在20世纪初才为世人所知。

和普基纳四大语系。操克丘亚语的印加部落，仅占据库斯科谷地小块地盘，相比更要落后许多。“印加”一词原是克丘亚人对自己部落首领和国王的尊称，意为太阳之子，后被用来泛指整个部落和国家。

根据传说，一个名叫曼科·卡帕克的人建立了库斯科城，为印加开国君王。在15世纪以前，印加人的活动范围仍局限于库斯科城周围地区，最高组织形式是部落联盟，所谓“国王”实际上是大酋长。到1438年第九代国王帕查库蒂继位后，才开始强盛起来，印加历史也由先前的片段民间传说变成具体可考的真正历史。

帕查库蒂把一个小印加国从库斯科周围的地区向北沿高原直扩及利马，南抵的的喀喀湖，征服了当地的艾马拉人。在1438年～1463年间，他确立了印加人在秘鲁南部及中部高原的统治。到1471年，他又征服了南厄瓜多尔，向南直抵智利中部，秘鲁北部的奇穆国也被征服。到他的孙子瓦伊纳·卡帕克在位时，又征服了厄瓜多尔的低海拔地区。

印加帝国的建立

帕查库蒂在印加发展史上占有重要地位。15世纪初，外族入侵，国王维拉科查和长子逃入深山避难。身为次子的帕查库蒂在危急关头挺身而出，奋起迎敌。1463年他联合其他克丘亚部落，率军与入侵者展开决战，取得了决定性胜利。这一年成为印加编年史上第一个有确切记载的年份，也是他登上印加王座开创新时期的开始。

帕查库蒂不仅是骁勇善战的英雄，而且是一位卓越的组织者和政治改革家。他采取种种措施，加强集权统治。他通过树立新的主神帕查卡马克来限制大祭司和贵族的特权；对征服地区允许保留原有神，并把他们迎入库斯科的万神殿，同时大力推崇太阳神，把太阳神庙变成全印加的圣殿；允许被征

▲正在举行活动的印加人

服人民讲自己的母语，同时宣布克丘亚语为官方语言；重新规划首都建设，把库斯科建成军事战略要地和全国政治经济文化中心。帕查库蒂的统治，奠定了印加帝国大业的基础。继他之后的国王图帕克和瓦伊纳继续对外征讨，开拓疆土。瓦伊纳统治时期，印加帝国达到了它的极盛期，其疆域南北绵延4000千米，人口达1000万。这是古代美洲统治地域最大的帝国。

印加人的社会生活

印加人的主要经济产业是农业，印加时代，在安第斯山区有40余种农作物。有些是当地发展起来的，有些是引进的。玉米大致上是从玛雅文明传播过来的，木薯科作物则来自热带低地。在种植中，印加人一般以玉米为主，马铃薯次之。农活一般8月份开始。政府征召平民服劳役，先耕种国家寺庙的土地。这是一种如节日般喜庆欢快的劳动。成队成队的劳动者伴随着有节奏的歌唱干活，分食着食品及水果。其他各户的农活一般也是大家组织起来按上面的方式去干的，农活直到作物收获入仓为止，劳动都带有以上的特点。

狩猎及采集次于农业。狩猎的工具主要有投石器、投镖、鸟网等。渔业无足轻重，在沿海及的的喀喀湖畔稍居重要地位。家畜有美洲驼、羊驼、狗及豚鼠。美洲驼多用于驮运，驼毛供纺织，在宗教仪式中也有时用美洲驼作献祭的祭品。羊驼可提供优质的驼毛。狗供玩赏、食用或充作祭品，垃圾也多靠狗吃掉。豚鼠主要提供肉食。

印加人有着先进的纺织生产技术，会使用三种手工操作的织布机，用棉花或羊毛织布，他们会运用各种各样的织法织出各种形态的精致图案。他们建造了发达的道路系统。印加人没有文字，使用的记录符号是“结绳文字”，即用不同颜色、不同距离、不同大小的绳结来记事、记数。在建筑方面，他们有著名的太阳门。印加人生活在自然条件十分艰苦的安第斯山脉地区，但是他们却用自己的双手解决了自己的吃饭问题。他们缔造了与其他地区不同的农业文明。早在公元前400年，印加人就懂得了集约栽培法，他们栽培玉米的技术世界闻名，还培育出了现代马铃薯。

印加人修筑的道路系统是古代世界最伟大的工程之一。两条大道贯穿全国境内，以库斯科为中心，北达基多，南到智利中部，全长达1.6万千米。沿途设立驿站，有专门的信使接力传送。印加人另一惊人的成就是建筑术。在没有铁制工具和炸药的条件下，却能把坚硬的岩石切开、凿平，嵌砌紧密，以至连刀片也插不进去。印加人知道使用羊驼运输，一个运输队往往由2.5万只羊驼组成，每只羊驼能驮37千克东西，每天可以在崎岖的山路上走19千米。

印加人的宗教思想都体现在各种宗教仪式上，且深入到生活的各方面。主要的并不在于其中的神秘思想，而重在宗教仪式本身的那套繁文缛节。他们幻想通过一些烦琐的仪式活动就可达到他们所向往的五谷丰登、人畜两旺的目标。仪式中要用动物甚至是人做祭品。

黄金国度的陨落

1525年瓦伊纳去世，他的两个儿子瓦斯卡尔和阿塔瓦尔帕争夺王位，爆发内战。1532年，阿塔瓦尔帕取得了王位。同年，西班牙殖民者入侵印加。

盛产金矿的印加，在帝国庄严的宫殿建筑上，四处均镶着金饰品，灿烂耀目，光彩辉煌。印加最负盛名的库斯科太阳神庙，人称“黄金圣地”，内部富丽堂皇，金光闪闪，庙中墙壁是用黄金镶嵌的，中间一个金制圆球，代表太阳，旁边有几百条金制线条，代表太阳的光芒。在当时的欧洲，广泛流传着美洲存在黄金之国的传说，而这也为印加带来了不幸和灾难。

在西班牙殖民者进入印加前夕，印加帝国内部刚刚经历了一场腥风血雨的内战。当西班牙征服者皮萨罗率领他的舰队直捣印加腹地的时候，皮萨罗的目的很明确，那就是掳获金银财宝。狡诈的皮萨罗到了印加摆出一副慈悲的面孔，给刚刚当上国王的阿塔瓦尔帕安排了一场鸿门宴，阿塔瓦尔帕却浑然不知，带着手无寸铁的士兵与皮萨罗会面。皮萨罗随即绑架了阿塔瓦尔帕，并向印加人勒索了大量黄金。即便如此，皮萨罗还是残忍地杀害了阿塔瓦尔帕，并率兵前往印加首都库斯科，企图搜寻更多的宝藏。但奇怪的是，无论是宫殿、神庙都空无一物，整个库斯科城一片寂静，印加帝国就此陨落了。

第三章

伟大的创造——叹为观止的神秘遗迹

玛雅遗址是玛雅文明最重要的地区之一，有着宏大的建筑，还有丰富的象形文字，是极少数起源于热带丛林的文明的例证。奇琴伊察玛雅城邦遗址，曾是古玛雅帝国最大最繁华的城邦；科潘遗址纪念碑和建筑物上的象形文字符号则是书写最美、刻制最精、字数最多的；而蒂卡尔遗址则是玛雅文明中最大的遗弃都市……从遗址留下的各处细节，我们窥到了古玛雅时期高度发达的文明、精美绝伦的艺术、神圣纯粹的宗教仪式，等等，从而更让我们了解了玛雅的真实。

关键词：金字塔神庙 / 建筑风格 / 祭祀活动

深奥的金字塔

■ 约公元7世纪

在深邃的热带雨林中伫立的平顶式大金字塔可以说是玛雅文明的一个重要象征和标志，这种形制精巧、气势恢宏的建筑可以说代表了一个消逝文明的最后荣耀与尊严。而有关它的传言也是各有说法，莫衷一是。那么这金字塔到底是什么样的呢？它到底在玛雅文明中发挥什么作用呢？

形制规格

如果说埃及的金字塔是以其近乎完美的造型展现在我们面前，吸引我们的目光的话，那么玛雅的金字塔神庙则可以用千姿百态来形容。玛雅的金字塔神庙的塔身多呈阶梯状，整个塔身通常都由六七层阶梯状塔体组成，塔身的四面都有通往上层神庙的陡峭台阶，陡峭的台阶和上层的神庙是玛雅金字塔神庙和埃及金字塔最明显的差别。这种下面是石头垒砌而成的高台，上面是神庙的做法和中国殷商时期的高台宫殿建筑极其相似，有人说这是玛雅人来自中国的证据，不过这最多只是一种推测，并没有确切地认证过。远在古老的奥尔梅克文明时期，金字塔神庙就已经存在，而且它的主要特征在那个时候就已经形成，在随后的上千年时间里，玛雅人不断地对金字塔神庙进行改进，但大体上的形制并没有改变，在造型上依然秉承了奥尔梅克时期的风格。这种风格成就了玛雅金字塔神庙独特的艺术视觉，这种在雨林中高高耸立的金字塔建筑犹如外星文明的遗物一样，在西班牙殖民者最初发现这些金字塔神庙的时候，他们甚至确信这是人类失落的某个文明的遗留。

玛雅的金字塔神庙外形独具魅力，通常金字塔塔基宽度和建筑高度一般是1:2，最少也有1:1，这样塔身的坡度一般都在60°以上，这使金字塔的塔身显得十分陡峭，而在塔顶建造的神庙则显得非常局促。通常神庙内部容不下多少人，不过这并不影响金字塔神庙的祭祀功能，事实上，神庙不过是一种象征性的建筑，高高在上为的是方便大祭司和神灵沟通，而这样的场所本身就不容许有太多的人。每当举行祭祀活动

v 雄伟的金字塔与葱郁苍翠的热带丛林为伴，等待着人们的发掘、探究。

的时候，大祭司在高高的金字塔神庙门前站立，而下面的平民百姓则要向上仰望，这种陡峭和高耸的金字塔给人视觉上的压迫感十分明显，有时候甚至会产生某种错觉，因为从高处射下的光会让人视觉疲乏，看不清上面发生的事情。而大祭司也正是想要这样的效果，高高在上，人和神的距离就这样被拉开了，高高地站在金字塔神庙上的是神，或者是半神，而在下面的则是祈求神灵庇佑的普通人。在举行盛大的人祭活动的时候，大祭司会沿着陡峭的台阶缓缓地爬上去，在仪式中那献给太阳神的人会被杀死后从台阶上推下来，尸体带着血液飞速地滚落下来，最后重重地摔在那些前来观礼的平民百姓面前，这种血腥而恐怖的场面震撼人心，也压迫情感，它无疑增加了玛雅人对神灵的敬畏和不安。大祭司假借太阳神的名义，通过血腥的祭祀又一次行使了神权，这种权力一时间无法撼动，这是祭司阶层统治平民百姓最简单有效的方法。不过当玛雅文明走向没落的时候，疯狂的民众和勇士们开始不再买账，他们更崇尚真正的较量，而君王也因为城邦之间的冲突不断而不得不依靠他们。

分布广泛

玛雅人对神的崇拜可以用疯狂来形容，在尤卡坦半岛这片并不算辽阔的地面上，数千年来，玛雅人大兴土木，建造了十多万座仪式中心建筑，其中金字塔神庙占了极大的一部分。这些金字塔神庙的建造大多采用尤卡坦半岛丰富的石灰石，这种石灰石的大量开采和运输对于处在新石器时代的玛雅人来说是极其困难的，然而坚毅的玛雅人就用简单的石制工具完成了这看起来不可能的工作。

整个玛雅地区留存的金字塔神庙虽然形式多种多样，但总体来说可以分成四种类型，第一种是最常见的平顶式的金字塔神庙，这种金字塔神庙的塔顶会有庙宇祭台之类的建筑体，这是玛雅地区分布最为广泛的一种样式。第二种是和埃及金字塔一样的尖顶式金字塔，不过这种金字塔极其少有，现在只在蒂卡尔城遗址内发现了一座。第三种金字塔是类似佛塔一样的壁龛式塔形建筑，发现的塔分7层，一共有365个方形的壁龛，这种金字塔雕刻着复杂的图案，建造起来极费人工。第四种金字塔是国王的陵寝，墨西哥考古学家阿尔维托·鲁斯曾在对帕伦克城遗址的考古过程中，发现一位叫作巴卡尔的古玛雅首领安葬在一座建造于公元7世纪的金字塔塔基下的密室中，这说明玛雅人的金字塔和埃及金字塔拥有同样的功能，而长期以来人们一直都认为玛雅的金字塔只是用来祭祀的，并没有墓葬的功能。整个发掘过程经过了三年时间，开始的时候阿尔维托·鲁斯意外地发现神庙大殿地面铺盖的一块石板上有两列拴石的小孔，他对这些孔洞的作用感到奇怪，于是就进行了挖掘工作。经过一年的努力，他们发现这是通往地下密室通道的一个入口，在后续的挖掘过程中，考古工作者在神庙下面22米深的地方发现了密室。这是一个天然的溶洞密室，密室里长满了钟乳石，而帕伦克国王巴卡尔的石棺就放在墓室的中央，整个石棺长3米，宽2米，用一个大石块凿空而成。墓室的四壁上刻着太阳神和雨神等九个神灵，他们是墓室的守护者。石棺的盖板是一块5吨多重的石板，上面刻满了图案，这些图案含有隐秘的玛雅宗教内容在里面，至今人们也无法破解其中的意思。帕伦克伟大的统治者巴卡尔静静地躺在石棺中，当考古工作者打开石棺的时候，发现尸骨已经腐朽，而代表着他权力和财富的随葬品却依然还在，其中最为精美的是青玉面具，这是玛雅君王最为重要的随葬品，它是君王进入天国后身份的象征。除了青玉面具之外，还有青玉项链、串珠、指环等陪葬品，这些在玛雅地区都是极其奢侈的饰物，只有君王和大祭司才能拥有。

特殊用途

作为仪式中心的核心建筑，金字塔神庙通常由祭司阶层所掌握，它是祭司最为重要的活动场所。祭司是玛雅文明独特的传承人，他们懂得复杂的数学、天文、历法知识，除了举行各种祭祀仪式外，他们还在金字塔神庙内观测天象，进行着各种科学的研究和神秘的臆测，并且取得了辉煌的成就，这是举世公认的。金字塔神庙的天文台功能是一种意外，还是玛雅人有意建造已经很难说了，不过玛雅人确实借助高高的金字塔不受热带雨林视线的影响而进行天文观测。

玛雅人对天文的观测有自己的一套办法，在留存下来的图谱中，我们可以看出，玛雅祭司观测的时候一般都会用十字交叉的木棍来定位，而视线随

着观测物的运动而改变，这些轨迹被玛雅的祭司一次次地记录下来，最终富有智慧的玛雅祭司测算出了复杂的天体运动规律，有时候他们甚至可以预测月食和日食的发生。

奇琴伊察玛雅遗址的金字塔和千柱群

历史断面

建造玛雅金字塔

玛雅的金字塔神庙建筑规模庞大，在整个建造过程中，需要大量的人力和物力，其中的监督和管理工作是必不可少的。是谁组织了金字塔神庙的建造和管理工作，一直是个疑问。近年来，通过对玛雅文献的破译，考古工作者发现，这些巨型的建筑物不但有建造的管理者，而且有设计者和赞助者。研究表明一座玛雅贵族居住的上等石头住宅，在当时需要花费上十万个工时，也就是建房者需要雇用上百人工作两三个月才能完成房屋的建造。而简易的茅草房则只需要一个人干上两个月就可以完成了。在石质建筑物的建造过程中，玛雅人需要花费一半多的时间在石头的采集、运输、打磨等工序上，而真正的建造过程只需要三分之一的时间，另外的时间则用在对墙体的装饰、涂抹石灰等工作上。

VISIBLE HISTORY OF THE WORLD

关键词：帕伦克遗址 / 太阳神庙 / 陶管雕塑

“美洲的雅典”帕伦克

▪ 公元6世纪～公元8世纪

帕伦克曾是玛雅文明的一座重镇。当熙熙攘攘的人流成了尘封的历史的时候，只有各种建筑与雕塑还在无声地告知世人，这里曾经是多么繁华，如今却只剩下一片凋零景象。但当人们伫立在帕伦克遗址之上，面对这片凋零景象的时候，却往往不是对已经远去的玛雅历史悲叹，而是对那精美绝伦的各种雕塑进行赞叹。在一片赞叹声中，帕伦克获得了另外一个称呼——“美洲的雅典”。

与自然和谐共生

西部玛雅地区最重要的城市是帕伦克，也是玛雅人的一个重要的汇集之地。它依傍着马德莱山脉，面对着墨西哥湾沿岸的大平原，拥有得天独厚的地理条件。正是在这样有利的地理条件下，帕伦克繁荣了几百年，在公元6世纪到公元8世纪达到了鼎盛时期。和其他玛雅遗址一样，帕伦克也是在热带丛林的包围下沉睡了几百年，直到18世纪末才被西班牙探险家发现。

19世纪的西方探险家曾多次到帕伦克考察，并在文章和著作中描绘过这座古城。于是，爬满了青藤的走廊，被掩盖了的金字塔，颓败荒芜的古城慢慢呈现于世人眼前。但早期的考察者为了搜寻文物，不惜破坏古建筑而狂挖乱掘，烧毁森林，从而给帕伦克带来了很大的破坏。直到20世纪才有了科学的考察研究。从20世纪上半叶开始，墨西哥考古学家在这里进行了一系列考察并有了许多重大发现。

帕伦克城坐落在丘陵山麓之侧，居高临下，前接平川，登城远望，可见千里之外的海湾，秀丽的自然风景为城市的设计提供了一个可以依托、借鉴的背景，它的布局更侧重于自然景物的和谐，金字塔神庙散处林莽山麓之间，虽然也有一个中心，却不求布局的对称。

帕伦克城的整体设计与周围的自然环境有机地结合在一起，充分利用了丘陵地带的特点，把金字塔神庙的基座建在自然的山丘上，这样既节省了人力，又达到了建筑与自然的和谐。这个城市除了大致呈南北走向以外，也没有严格一致的方向和规整的布局。它的西部由碑文寺、宫殿、几座金字塔等大型建筑构成；它的北部是球场、伯爵神庙等；东部有太阳神庙、十字神庙等；南部则分布着米拉多神庙、浮雕神庙和一些小建筑。到目前为止，帕伦克城的发掘仍未全部完成。

v 帕伦克古城遗址坐落在今天墨西哥恰帕斯州境内崇山峻岭间的热带丛林里，被视为玛雅文明遗址中的精华。

棱角分明的碑文寺

帕伦克的建筑以其稳定、开放、精致、复杂为主要特点，碑文寺是其重要的代表建筑。碑文寺是古代美洲最突出的个人纪念碑，它是为当时帕伦克国王帕卡尔而建的陵墓。它占地约4200平方米，高约45米，是帕伦克最大的金字塔之一。它的金字塔台基是由9层逐渐往上缩小的石台组成，这些石砌台基每一层的顶上都用突出的边缘构成清晰的轮廓线，使建筑物具有棱角分明、坚实挺拔的力度感。在台基的顶上有一座长方形的神庙，它的正面是由五个门洞和壁间柱构成的前厅。前厅的后面是分隔为三个房间的后厅。在中间那最大的一间的后墙和两侧的墙上刻满了象形文字，这三面墙上刻的文字是最长的玛雅铭文之一，碑文寺因此而得名。

在金字塔的正面有一条梯道从底部通向顶上的神庙，台阶共69级，象征着帕卡尔王统治帕伦克69年。碑文寺的建筑结构也反映了帕伦克时期玛雅建筑技术的革新。帕伦克建筑不像蒂卡尔建筑那样封闭如洞穴，而是尽可能多地开出大门来，建筑的正面通常都有几个门构成开放式的前厅。建筑的顶饰发展成网格状，透过网格，可见到湛蓝的天空和绿树、白云，建筑与周围的环境紧密地融为一体。地窖位于金字塔底部的中央，巨大的金字塔压在上面，使它必须承受大约5万吨的压力。为了使地窖不坍塌，玛雅建筑师采用了一种交叉拱的方法。直到今天，地窖仍完好无损，甚至没有一丝裂缝。

小巧玲珑的太阳神庙

太阳神庙是帕伦克保存较完好的一座小巧玲珑的建筑。建于公元7世纪晚期。它的内部由前后室的假拱房间构成，房顶下面的墙面很厚，没有窗户。为解决室内的采光问题，正面的门开得很大，几乎占去了全部的东面墙。为了承受房顶的重量，在门的中间加了两个沉重的方柱，将门分成三个部分。房顶上耸立着镂空的顶饰，给稳重而庄严的神庙增添了几分轻快的气氛。从

^ 位于墨西哥恰帕斯帕伦克玛雅遗址的太阳神庙

太阳神庙是十分富有宗教气息的建筑物，在帕伦克，当地人将太阳神看作是生生不息的神明，代表着对太阳的无限崇敬。建筑的地基呈金字塔形状，其上是长方形皇宫，据说那是古代玛雅祭司观测天象的场所。

正面看神庙，网格状的房顶几乎和自然融成一体。在房顶宽大的斜面上，曾经装饰过浮雕，但如今已残破不堪，不过，从它们的残迹上仍可以窥见当年的风采。

太阳神庙的位置选择也体现了玛雅人对自然条件的利用。它位于原始森林中的一片丘陵地带，起伏的土丘只要稍加平整便可为建造金字塔提供理想的地形。太阳神庙就是建在四个相互连接而依次变小的平台上，从而造成阶梯的效果。帕伦克有几座金字塔神庙都是用这种方法建成的。

装饰雕刻之美

在帕伦克，有一个称之为宫殿的建筑群。所谓宫殿实际上也不像是供人居住的地方。它的建筑大多是由假拱和石柱组成的长廊，房间很少，蜿蜒的长廊把平台划分成三个院落，其中东北部的庭院是整个建筑的中心。这是一个开阔的庭院，四周环绕着宽阔的阶梯，显然是当时集会的地点。在宫殿西南部的庭院中高耸着一座方形的塔楼，高20米，共有3层，内部有陡峭的楼梯。人们通常认为这是用于天文观察的瞭望塔，因为在塔楼的第一层刻有代表金星的象形文字。宫殿的长廊和房间的排列迂回曲折，门庭相错，犹如迷宫一般。

在采光条件良好的长廊的墙上，布满了各种装饰浮雕，有怪诞的讽刺漫画式的浮雕，表现日常生活细节，甚至表现俘虏的狼狈相。雕塑在帕伦克是建筑的一个部分。甚至有的学者认为，帕伦克是玛雅艺术的顶峰，这里的许多雕塑可以与古希腊、古罗马的相媲美。用雕塑来装饰建筑可能是当时帕伦克城的时尚。

帕伦克建筑装饰雕刻内容丰富，涉及的对象极为广泛，既有各种神祇，又有各类人物，如贵族、俘虏、奴隶、手工艺人等男女老少，还有各种动物和半人半兽的神化动物。除了神和人之外，还有形形色色的场面，如宗教仪式、贵族礼仪、王朝大事、审讯俘虏、日常生活细节以及带有嬉戏意味的漫画等。

帕伦克建筑装饰雕刻在技巧上达到了高度成熟的水平，完全形成了玛雅雕刻的独特风格，尤其是在人物的个性化描写上接近西方的写实传统。线条的表现也往往达到了精美绝伦的程度。流畅而有节制的线条能准确地勾勒出半裸的人体、人物高高的鼻梁、微微突出的眉骨、凹下的眼眶、轮廓精致的嘴唇以及灵巧的双手，生动地描绘出玛雅贵族良好的仪表和优雅的风度。

独特的陶管雕塑

在帕伦克，还有独特的陶管雕塑，这种陶管雕塑在帕伦克有多处发现。这些陶管通常被塑成头戴动物头骨或面具的盛装的神像，他们有长而弯曲的犬牙、尖形的舌头，戴着圆环形的耳环。他们的头在长长的陶管上重叠而上，构成陶管向外凸出的半圆形。这是接近圆雕的高浮雕，神像仿佛成为一个独立的雕像：他们的头饰高耸，并向外伸出，细部的装饰悬在空中。他们那方正的脸庞、挺直的高鼻梁和棱角分明的厚嘴唇都具有写实的特点。而他们那雕刻成云纹的浓眉、夸张的铜铃形双眼、面颊上渐次缩小的三道黥纹、尖形的舌头、嘴角向两边卷起或向两颊盘起的长牙又显示出浓厚的装饰趣味。

比之建筑物浮雕，陶管彩塑具有更多的男性气质和更为繁缛的装饰。陶土雕塑因其造价低廉，通常不用于重要的仪式性场合，所以，艺术家在雕刻时具有更大的自由度。在帕伦克发现的一些陶土头像形象真实，表现了不同年龄、性格和相貌特征的人物，完全没有任何装饰因素，朴素而真实地表现了人物的性格特征。

现藏于墨西哥人类学博物馆的一尊高0.5米的陶塑就是在帕伦克附近发现的，明显地受到帕伦克样式的影响。陶塑表现了一个跪坐的贵族，他身穿长袍，戴着头巾，颈部和左手都围着整齐的围巾和护套，除此之外，没有任何多余的饰物，但人物却显得十分庄严。他端坐着，背挺得很直，下颌微微收缩，双手放在膝上，相貌端正，表情庄严，气宇轩昂之中流露出贵族的风度和仪表。

VISIBLE HISTORY OF THE WORLD

关键词：奇琴伊察古城遗址 / 库库尔坎金字塔 / 武士神殿 / 球场浮雕

非凡之城奇琴伊察

▪ 公元5世纪～10世纪

在1885年的一个万籁俱寂的月夜，当疲惫不堪的印第安向导正要铺床睡下，而年轻的美国探险家汤普逊却着迷地在低矮的灌木丛中行走，当一座座巨大的塔形建筑出现在他面前时，他长途跋涉的探险活动有了结果，玛雅文明的重要遗址奇琴伊察城被发现了。奇琴伊察古城遗址，位于墨西哥东南部的尤卡坦州，有“羽蛇城”之称，1988年被联合国教科文组织作为世界文化遗产列入《世界遗产名录》。

卡拉科的奥秘

奇琴伊察作为后古典时期最大的玛雅中心城市，可以说是玛雅建筑艺术的汇合点。在这里，玛雅建筑的主要样式如里奥贝克式、珀克式以及托尔特克建筑样式得以融为一体，产生了一些风格独特的混合样式。奇琴伊察以其多姿多彩的建筑样式、庞大的建筑规模、保存完好的建筑群而展现了玛雅文明的最后辉煌。

奇琴伊察的主要建筑呈东北—西南走向，但并未严格遵守。这里有两个较大的天然井，南井为饮水井，北井是玛雅人祭神用的“圣井”。奇琴伊察的建筑反映出明显的科学与理性的功能。在这里，最独特和最著名的建筑是位于新老城区之间的卡拉科。这是一座巍然耸立的圆形建筑，它的名字源于西班牙语，意为“蜗牛”。因为在这座圆塔的正中心有一条螺旋形楼梯，从底部直通上层，其内部结构也为圆形。

^ 玛雅奇琴伊察遗址

卡拉科的内部由两层带拱顶的同心环状房间组成，每一排都有四扇相互错开的门，卡拉科的顶部也是圆形。顶层是一间带辐射状小孔的小房间，由于年久失修，一部分已经倒塌，但仍留下三个不同方位的窥孔，这些窥孔显然是玛雅祭司观察天象用的瞭望孔。研究玛雅文化的学者通过考察和研究指出：它们一个是在每年春分（3月21日）时正对着月落的方向，一个是在春分和秋分（9月21日）时正对着日落的方向，另一个是在夏至（6月21日）那天正对着日落的方向。

卡拉科下部的基座则是变化无序的：圆塔建筑在一个接近正方形的台基上，台基边长为28米。这个台基下面还有一个更大的台基，面积为4425平方米。整个建筑的各个部分并没有相互准确地排列，塔门的方向并不是正对着台基的台阶，两层台基的台阶本身又并不相对。几个台阶都相互错开，建筑物内部的房间门亦相互错开。总之，这座建筑显示出为适应某种特殊需要而不断改变的迹象。

库库尔坎金字塔

除了卡拉科这一用途特殊的建筑呈圆形之外，

奇琴伊察的建筑大多是规整而棱角分明的，规整的正方形、长方形成为比较常见的建筑型制。在城市的中心仪式区，最宏大的建筑是一座名为“城堡”的正方形大金字塔，当地人称它为“库库尔坎神庙”。

这是一座边长55米、占地达3000余平方米、高达30米的金字塔神庙。它有四条辐射状的阶梯汇合于顶部的神庙。除了在北部阶梯底部的两边放着两个羽蛇头雕塑之外，所有的阶梯都同样处理。台阶的总数是365级，它包括每一方台阶各91级，加上神庙门口的1级正好是一年的天数。规整方形的格局是城堡金

∨ 坐落在奇琴伊察的卡拉科观象台

这座令人仰止的建筑，一度遭到考古学家质疑，他们认为这是一座献给风神的神庙。

字塔最突出的特点：台阶的层次棱角分明，直线轮廓挺拔而清晰，各个部位的直线都像用界尺画出来的一样。

这座金字塔由九层大的台基组成，在这些台基的立面，用灰泥浮雕刻画出蜿蜒曲折的图案，也许是象征一条巨大的羽蛇，盘绕在台基周围。羽蛇神是玛雅后期重要的主神，羽蛇神在玛雅语中就被称为“库库尔坎”，这座神庙显然是为了祭祀羽蛇神而建。

神庙顶部的入口有两根蛇形立柱把大门分成三个部分，蛇柱完全被雕刻成一个圆雕形象：一条长蛇倒着竖立，张开的大嘴立在地面上，蛇身竖起构成柱身，蛇尾弯曲着支撑起门楣，尾巴上还雕刻着典型的响尾蛇花纹。张开大嘴的羽蛇威风凛凛，似乎是在守卫这座神庙的入口。在神庙内部，两个正方形石墩支撑着石头拱顶。

库库尔坎金字塔的基座下面也覆盖着更早的金字塔，这座金字塔顶上也有一个神庙。这座神庙也是方形的，有九层台基，但面积只有1089平方米，仅北面有一条台阶。神庙里有两个房间，而且保存完好。在第一个房间里有一座斜倚的雨神恰克像，雨神屈着双膝，双肘向后支撑着地面。在雨神后面的神殿暗处站着一头红色的美洲虎，这尊雕像刻成圆形，上面涂着红色，头转向门口，仿佛正朝着门口咆哮着，它的牙齿锋利，眼睛暴突，镶嵌的翡翠组成虎皮上闪光的斑点。神庙正面装饰着浮雕，内容是奔走的美洲虎和饰有羽毛的盾。

武士神殿

奇琴伊察中另一重要的建筑是武士神殿。武士神殿立于库库尔坎金字塔的西北面。武士神殿建在一个边长为40米的正方形台基上，有四级逐渐缩小的台基构成金字塔的基座。它的西部正面有阶梯通向神殿入口。在金字塔的西面和南面，两个长条形的柱廊构成一个直角簇拥着金字塔。武士神殿可能就是武士集中祭神的地方。众多的武士按不同的标志分为很多支，其中最显赫的是美洲虎、荒原狼和鹰武士集团。为了满足集合众多武士的需要，壮观的柱廊也应运而生了。武士神殿的前室为三排横向拱顶跨于两排六根柱子上，后室有五个纵向拱顶跨于两排四根柱子分隔的空间之上，在方形的神庙中，纵横的拱顶系统构成一种有趣的空间级数。

武士神殿的装饰也极富特色。在通向神庙入口的阶梯顶端放着一尊大型雨神恰克雕像，它斜倚在一个方形石墩上，双腿屈膝，双肘抵着地面，双手放在腹部，捧着一个大碗。它的身体像一只船，也像一张绷得紧紧的弓向上弯曲，头转向左肩，面朝神庙的台阶方向，那紧张而翘起的身体让人感到僵硬与严峻。

神殿入口处的蛇形石柱雕刻象征羽蛇，它们巨大的头伏在地上，朝着走进神殿的人们血口大张、犬牙毕露、长舌坠地，似乎在守卫着神殿的大门。它们的尾巴在石柱顶上呈直角弯曲状，犹如一只大手托起门上的横楣。神殿入口处两边的立面各装饰着两组三个一排的雨神面具，相互重叠成一竖行。每个面具都有向外高高突出的长而弯曲的鼻子，各组面具之间的墙上的中央都有一个高浮雕的羽蛇头。在台阶的顶端两侧，有两个巨大的羽蛇头向外伸出，俯视着台阶两边的栏杆，蛇头上各坐着一个两手拢在一起、双腿跪坐着的掌旗人像。从侧面看，那拢手而跪的掌旗人动作又像是跪地向天祈祷膜拜的样子，与仰天长啸的羽蛇构成一个和谐的整体。

尽管屋顶已倒塌，武士神殿仍不失是一座宏伟而精美的建筑。它有恢宏的气势、壮观的柱林、精湛的雕刻，即使是细节也充分体现出施工和装饰的考究，无论是华美的立面还是狰狞的蛇柱，都雕刻得十分精细。

不容忽视的球场

在武士神殿的南面，有一条高出地面的横向长柱廊，由一条宽阔的楼梯通上去，以单排圆柱组成，长廊后面是一座正方形建筑，里面由一圈圆柱支撑当年的木屋顶。考古学家们觉得这应该是当年的玛雅市场。在奇琴伊察还出现了一种在古玛雅时期不曾有过的建筑——热水浴室，其中有许多作为浴室的带拱顶的小房间，房间里有加热系统制造出蒸气。除了这些，还不能忽视奇琴伊察的球场建筑。

∧ 奇琴伊察球场浮雕

在奇琴伊察，作为宗教仪式中心重要组成部分的球场建筑也显得既宏伟又细腻。在奇琴伊察共有9个球场，最大的一个球场总面积达一万多平方米。这个球场现已得到修复。

奇琴伊察的球场装饰浮雕显然印证了球赛是在宗教仪式中进行的。球场平面是传统的I字形，两边有8米高的墙。两墙的高处、两个球队的中间位置各有一个巨大的石环，用榫头固定在石墙上，垂直向外凸出，这些石环就是球门。在石墙的脚下，有一排又低又小的长凳。奇琴伊察建筑的精致考究甚至在球场建筑中也显而易见。球场两侧的高墙上，作为球门用的石环上雕刻着精美的浅浮雕，图案为两条羽蛇交缠在一起，中间点缀着球形的圆点。墙角下的石凳被雕刻成一条颀长的双头羽蛇，巨大的蛇头在墙的两端伸出，蛇身也即长凳的上面刻满了浅浮雕装饰纹，表现羽蛇身上的羽毛。此外，在一些浮雕中，还出现了一排排的树木，树木上挂着含苞待放的蓓蕾，这在玛雅浮雕中不多见。

关键词：科潘遗址／石碑雕刻／建筑装饰

探秘科潘遗址

▪ 公元前200年～10世纪

曾为玛雅王国首都的科潘，遭受了千年河水的冲刷，如今的遗址虽然没有当年那样辉煌壮丽，但从那浩大的建筑工程、精美的石碑雕刻以及丰富的墓葬物品中，我们依然可以窥见这个古老都城当年的盛况。这里的一花一木、一屋一石，仿佛都在轻声低吟一阙长歌，告诉我们这座都城的兴盛与没落。只是，这歌声的含义我们至今无法全面解读，只能继续寻觅与探索。

曾经的都城

科潘位于洪都拉斯的西部边境，是一个易守难攻的军事要地，它的卫城俯瞰着科潘河。科潘河灌溉着这片平原，但每到雨季，它又淹没这一地区，在几个世纪中冲毁了不少建筑。现在，河流的冲刷仍然在毁坏着科潘城的建筑。为了保护科潘古城遗址免遭水患，洪都拉斯政府计划对科潘河进行改造。河流的冲刷也给考古工作带来有利的一面，它为考古学家提供了科潘卫城垂直的地层学区域。

这些地层的暴露说明了中心地区的台阶、金字塔、宫殿都是人工堆积起来的，为了建造中心区那高30米、占地3.5公顷的高台，玛雅人必须堆积100

万立方米的土与碎石。这是一个浩大的工程，从这一事实来看，古典时期的玛雅城市一定是处在城市首领的高度集权之下，只有这样，才有可能调动成千上万的人力和巨资来完成这样的土木工程。据统计，科潘最高的金字塔高出河面38米。

闻名遐迩的石碑雕刻

作为著名的玛雅城市之一，科潘闻名遐迩的声誉主要来自它的石碑雕刻。那近乎圆雕、精致华美的石碑不仅赢得了艺术家的高度评价，而且也引起了考古学家和历史学家的浓厚兴趣，因为它们提供了玛雅纪年学最可靠的资料，这些石碑真实地记录了485年至801年科潘城的历史。

v 1570年，迭戈·加西亚·德·帕拉西奥发现了科潘古城遗址，但是直到18世纪时，这座古城才被发掘出来。科潘古城是玛雅人的一座重要城市，不过早在10世纪的时候它就被废弃了。这是科潘古城遗址中的石雕。

科潘城的石碑竖立在卫城北面的广场上，这个广场占地约3万平方米。它的南面是一座著名的球场。石碑用高5米～10米的整块巨石刻成。像绝大部分的玛雅石碑一样，科潘石碑是用绿色的火山石刻成的，火山石那密实的纹理使雕刻家可以在上面精雕细琢，并将表面打磨光洁，使雕刻闪烁着像金属一样的光泽。

科潘石碑的特点是浮雕装饰浑圆饱满，几乎改变了石块本来的形状，使石碑更接近圆雕的形式。雕像

^洪都拉斯科潘玛雅遗址的石碑（编号F）背面

具有非常写实的面部刻画和华丽而复杂的服饰，由于其细节过于繁缛，装饰因素突出，常令人联想到17世纪法国宫廷的巴洛克艺术风格。每一块石碑上的人物都极有个性，好像是一些具体人物的肖像。比如，铭文记载，有的人因父辈与外族通婚而具有异族血统，在他们的石碑雕像上就明显具有异族的相貌特征。有的人物面部像女性一样细腻圆润，而有的人却瘦削而棱角分明。

此外，年龄和性格也各有不同，有的长须垂胸老成持重，有的却是翩翩少年稚气未脱。但不管是什么性格的人物都表现得极为安详静穆。他们被刻成正面直立、动作对称、身材高大、仪表高贵、神态庄严、衣着华丽的形象。人物佩戴着用宝石做成的胸饰、手镯、脚镯，腰间垂下长长的饰带。最突出的是高耸的头饰，有的头饰是用重叠的动物头骨做成，有的则是对称的两条盘绕着的大型羽蛇。高耸而复杂的头饰更增添了人物的隆重气氛。雕刻家一方面以极为简洁的写实手法刻画了玛雅王者光洁的面孔，另一方面又不厌其烦地表现人物各个细部的装饰，重叠的饰物达到了令人眼花缭乱的地步。这种主体单纯而陪衬部分繁复的处理方式与西方绘画中的强调主体的处理恰恰相反，但这种处理方法的惊人之处在于使人们的目光很容易被吸引到光滑、平静的面部，这种对比手法同样使脸部成为观众注视的中心。面部的光洁与装饰物的堆积形成最强烈而奇妙的对比。

科潘球场

科潘的建筑以球场最为著名。在美洲印第安人中，球类活动不是一种单纯的体育锻炼或娱乐活动，而是一种宗教仪式。球戏是一种艰辛的格斗，它有严格的规则。球员带着沉重的防护盔甲上场，在比赛中，用肘部、膝部、头部击球，使沉重的实心橡胶球穿过固定在球场两侧墙上的石环。竞赛中，失败一方的球队队长成为宗教仪式中的杀祭牺牲品，杀祭就在球场进行。科潘球场规模虽然不大，却在仪式中心的建筑中占了很重要的地位。它位于大广场与卫城之间，是科潘最好的建筑。

球场的两边微微向内倾斜，东边稍高，西边稍低，中间是长方形的平地。北端的正中有一高石碑，中轴线上还安放着标志赛球双方界限的圆形石板。球场建于541年至公元8世纪，其间进行过不断的维修。

石阶上的玄机

球场的东南方有著名的象形文字石阶。这是被考古学家命名为26建筑的阶梯，它共有63级，上面刻有约2500个象形文字，边缘有雕塑栏杆，是迄今为止发现的最长的玛雅石刻铭文。据考古学家考证，象形文字石阶建于科潘第十五代王烟贝王时期，是烟贝王为纪念其先王伊米斯王和他的继任者而建的，铭文记载了先王们的业绩。

1989年，科潘卫城考古工程队以及各国的考古研究人员在象形文字台阶处打洞，用以测试建筑下层结构。在台阶下的17米深处意外地发现一个墓穴，里面有人的骸骨、陶器、抄本、玉器等。据考证，墓主人死时30岁~40岁，为男性。从他被葬在象形文字台阶下可以推知他是玛雅王之子或兄弟。在这一王室陵墓中出土了精美的玉石制品，如玉雕耳坠，将玉石雕成一朵盛开的花和下垂的花蕾。此外，还有玉雕贵族小像和猫头鹰穿成的项链，猫头鹰是冥界和死亡的象征，这一形象的出现说明该饰物是专为死者而制作的。

浮雕的魅力

科潘的建筑装饰雕刻也以其繁缛、紧密和堆积特征显示出“巴洛克”趣味。造型饱满有力的高浮雕布满了建筑的外墙，仿佛要破壁而出，从而使建筑物显得更为厚重，明暗关系更为丰富。如一座神庙的门洞，在石砖砌成的墙两边各跪着一个力士模样的人，他们像是守卫在大门的两侧。他们的脚下是巨大的骷髅头，象征着冥界与死亡；他们的头顶上是一条双头羽蛇，它的头伸向门的两边，身体盘绕着构成门楣。这种人、蛇和骷髅组合在大门的两侧的图像，象征着拥有神性的力士、冥界的神灵和天上的神，他们同时守护着这座建筑。这种组合充满神秘色彩，同时又具有浓厚的装饰意味，使神庙具有更为沉重压抑的气氛，这种雕刻与古西亚的亚述王宫门口的半人半兽的拉马苏雕像有异曲同工之妙。

浮雕由巨大的石砖砌成，人物和动物的造型服从于石砖的方形。艺术家在雕琢中尽可能用直线来表现对象，在转折处刻成近乎方形的圆角，使浮雕更为饱满和粗壮。尽管如此，浮雕并不给人以僵硬呆板之感，盘绕的双头羽蛇的身体弯曲变化犹如暴风雨将临的天空中的乌云翻滚，充满着动势。

科潘的雕塑代表了由浮雕向圆雕艺术过渡的阶段。建筑装饰雕刻有的已呈现出这种特点，一些建筑角部的装饰已脱离墙面而成为圆雕。如现藏于洪都拉斯科潘博物馆的玉米神头像和贵族头像，原来就是装饰建筑用的。从头像本身来看，除了眼睛轮廓有线刻的意味外，人物的脸部、头颈的处理完全像独立的雕塑，尤其是那微张的嘴，弯曲的嘴唇轮廓线的变化显示了人物的一些个性特征。

关键词：蒂卡尔遗址 / 陶器彩绘 / 神庙

被遗弃的蒂卡尔

■ 公元3世纪～公元9世纪

蒂卡尔是玛雅文明遗弃的城市中最大的一个，也一度是玛雅最大的城邦。蒂卡尔拥有漫长的历史，这里3000座以上的建筑是在长达几百年甚至上千年的时间中不断累积修建而成的，呈现出建筑布局复杂错落的情况。然而，正是这种复杂错落，正是这种风格杂陈，给学者研究玛雅的历史发展与文明变迁提供了最好的样本。

漫长的发掘

蒂卡尔位于危地马拉的热带丛林，被丛林覆盖了约1000年，直到18世纪才被人们发现。1853年，在柏林的出版物中首次出现了关于蒂卡尔古城的介绍。1877年，瑞士旅行家古斯塔夫·伯劳里从蒂卡尔带回装饰华丽的木雕横楣。1881年以后，阿尔弗雷德·茅兹朗、泰尔伯特·马勒、阿尔弗雷德·托瑟、西尔瓦奴斯·莫利等人考察了蒂卡尔。1956年至1966年，宾夕法尼亚大学博物馆在对蒂卡尔的长期考察和发掘中发现了大量的建筑和纪念性雕刻。现在，蒂卡尔城已成为危地马拉政府的保护地，在这里修建了巨大的围墙，以防止它像许多玛雅古城那样因为热带丛林的蔓延而损坏。这片围地总面积有500平方千米，其中心地区有16平方千米，共有3000座以上的金字塔、祭坛、石碑等。

曲折的发展

蒂卡尔城的建造经历了一个曲折的发展过程。它始建于公元3世纪，衰落于公元9世纪。在这700年中，城市不断扩大。但在公元6世纪时，由于受到来自北部墨西哥移民大迁徙浪潮的冲击，蒂卡尔曾发生过大的政治动荡，城市建设曾一度停止，纪年石碑雕刻也中断了。到公元7世纪，蒂卡尔才再度繁荣，公元8世纪达到顶峰，建成了城市中最重要的建筑。这些建筑都是覆盖在以前的旧建筑之上的。到公元9世纪末，由于一次更大的原因不明的变动，蒂卡尔城从此衰败，最后完全被废弃，成为荒无人烟的废墟。

由于经历了漫长的发展过程，蒂卡尔城的建筑呈现出特别复杂的面貌，整个城市建筑缺乏整体的设计和统一的安排。在中心仪式区的建筑群中，成组的建筑有不同的方位、不同的地基平面。在几个世纪的发展中，蒂卡尔的建筑也不断地改变着它的用途，每个建筑群都有其实用的目的，但它们与整体的联系却不十分紧密。

高耸挺拔的金字塔

蒂卡尔城的建筑大致沿着一根南北走向的中轴线而建，金字塔往往成双、对面而立。蒂卡尔城建筑的主要成就在于金字塔，它们高耸挺拔，给人们留下了深刻的印象。金字塔通常都以远远超出热带丛林的高度遥遥相对。它们的台阶斜度超过了70°，其外轮廓像欧洲的哥特式教堂一样奇峭，从而使它们赢得了“丛林大教堂”之称。其中最高的是4号金字塔，它近70米高。与惊人的高度相比，金字塔的占地面积却非常小，如1号神庙基座高47米，占地面积却只有900多平方米。顶部的神庙高16米，占地面积仅80平方米。金字塔建筑总体积为16000立方米，与神庙内部空间之比为140：1。这样的比例给

∨ 坐落于今墨西哥尤卡坦半岛的乌斯玛尔城是玛雅文明的一个重要古址。玛雅人于公元4世纪前后迁徙到尤卡坦半岛，公元8世纪～10世纪，这里曾经相当繁荣。从这座术士金字塔即可看出当年的盛况。

位于今天危地马拉繁茂的热带森林中的蒂卡尔古城是迄今发现的规模最大的玛雅古城之一，公元6世纪～10世纪这里一直有人居住，人口达5万。这座三层金字塔是蒂卡尔古城的标志性建筑。

金字塔造成了拔地而起、巍然耸立的气势，沿着这样陡峭险峻的台阶向上攀缘，令人感到晕眩。

金字塔由基座、神殿和通往神殿的台阶组成。基座是一个渐次缩小的平台系列，层次多少不等，如1号金字塔有九级，2号金字塔仅三级。这种台基的边沿棱角清晰，从轮廓线上看有稍稍倾斜的效果。金字塔的正面有一条宽阔的阶梯直通顶部。顶部有神庙，神庙的地面稍低于最上面一级台基。神庙的规模很小，容纳不了众多的信徒，仅供高级祭司与首领敬神使用。神庙通常有2到3个房间，房间前后排列，由于没有窗户，后面的房间很黑暗。

神庙内部有雕刻精美的木横楣，神庙虽小，它的顶部却有一个高耸的屋顶装饰。它垂直于神庙本身，矗立在屋顶的后上方，上面堆积着繁缛的石浮雕。这种高耸的顶冠使本来就极为峭拔的蒂卡尔金字塔轮廓更显得优美。正是在这种高出地面60多米的伸向天空的神庙中，玛雅祭司与众神进行沟通，并获得力量。他们也在这里观察天体运行，用以制定历法。这种历法的精确性使得现代科学家也不得不叹服。1号神庙金字塔又叫大美洲虎金字塔，它同时又是一个玛雅王的墓葬所在地。考古学家在采用钻孔测定金字塔结构的过程中，在第一层的台阶下发现了这一墓葬。这里埋葬着一个祭司王，在他的身边有成千上万件陪葬品，包括花瓶、贝壳、骨器等。经过测定，墓室建于700年。由此可见，玛雅金字塔有时也具有陵墓的功能。

玛雅建筑师的构造技术比起他们的平面和立体造型设计技术要落后得多，他们始终未能创造出拱顶。玛雅人的屋顶通常为带梁托的假拱，即用灰浆来黏合石砖，砌成倒V字形屋顶，内部有两个倾斜的平面在中央汇合，这样的结构使建筑从内部看就像是草棚的棚顶。为承受沉重的实心屋顶，建筑的墙必须特别厚重，并且不能开窗户，仅仅靠门来采光。厚墙重屋顶使建筑内部空间显得狭窄而黑暗，建筑师把主要精力都集中在建筑的外部装饰上，所有的玛雅建筑都是外表豪华壮丽而内部却极为朴素简单。

石碑浮雕与陶器彩绘

在1号和2号金字塔之间的蒂卡尔大广场上，竖立着几十块石碑，它们大多有纪年，其中最早的刻于290年，最晚的刻于869年。

石碑记载了当时的自然现象、政治事件和重大的宗教仪式，在广场上排成一行行队列，被考古学家称为石碑仪仗。蒂卡尔的石碑雕刻以浮雕为主。石碑正面是一个身着王者服装的人物，他的周围及石碑的背面刻满了象形文字和时间符号。具有勾线一般清晰效果的浅浮雕表现了盛装的玛雅王侧面或正面的形象，人物头戴硕大的羽毛王冠或头饰，手握权杖庄严直立。头饰华丽高耸，有时与人等高，使人物的面部处在整个人物轮廓的中部。

蒂卡尔的石碑仍处在早期的发展阶段，刻得较浅，保留了石碑原有的长方形的直线，浅浮雕的线刻在蒂卡尔的一些作品中，达到了极为精致、娴熟和缜密的程度。如1877年发现于蒂卡尔4号神庙内的一块木雕横楣，可以看到，艺术家采用了类似中国工笔画那样精细的线条刻画出一个人物的正面形象，他衣着华丽，珠光宝气，他的头上方有一条巨大的双头蛇盘旋，形成一个对称的弯曲构图，其余的画面空间填满了方形的象形文字。画面的每一个细节，从人物的脸部到服饰，羽蛇的毛发与卷曲的舌头都刻画得精妙细微，连那填满画面空间的上百个方形的象形文字都是由清晰的图像组成的。不仅如此，在处理手法上也各有变化，人物身体与象形文字刻得很浅，而双头蛇的头部、身体的外轮廓线和人物的面部却刻得很深，强调了主体部分，使细致缜密的画面变得生动而富有层次。此外，线刻的表现也并非完全写实，直线、涡纹、圆角构成浑厚、饱满、方正的造型，使画面具有浓厚的装饰感。

蒂卡尔陶器上的彩绘具有明显的写实倾向。在陶器上，艺术家常用简练而活泼的勾线记录玛雅贵族的生活细节，具有随意而即兴的效果，寥寥几笔，就生动地勾勒出人物不同的情绪和性格。

关键词：卡拉克穆尔遗址 / 金字塔神庙 / 修道院 / 多斯皮拉斯

“蛇之王朝”卡拉克穆尔

- 公元6世纪～10世纪

卡拉克穆尔是玛雅城邦遗址中的又一重要代表。这一城邦的面积与人口虽然较一些大邦稍有逊色，然而此处遗留的文明遗迹同样让后人赞叹不已。纵横捭阖的历史，匠心独运的建筑，如今正在低诉着这个“蛇之王朝”在玛雅文明中的重要地位。

“蛇之王朝”的发现

从18世纪开始，代表着玛雅文明辉煌成就的奇琴伊察、蒂卡尔、科潘等古城遗址相继被发现，并以其独特的魅力展现在世人面前，而卡拉克穆尔却一直都隐匿在热带丛林中，不为人所知。1931年，美国生物学家赛勒斯·伦德尔在航天勘测时发现在尤卡坦半岛丛林中有一大片神秘的建筑遗迹存在。墨西哥的考古学家根据这个线索，对照片中显示的这片神秘区域进行了探寻，并最终发现了卡拉克穆尔古城遗址。随后墨西哥的考古学家对这个方圆七十多平方千米的区域进行了科学考古，发现了许多重要的建筑，其中的女修道院是一所独具特色的玛雅学校。

这所修道院的墙壁上，完好地保存着玛雅手工艺人精心雕刻的浮雕，这些浮雕内容丰富，技艺精湛，堪称一绝，奢华的修道院的发现展现了卡拉克穆尔的强大和富有。考古学家推测，在卡拉克穆尔的鼎盛时期，整个城市的人口超过5万，卡拉克穆尔城中有众多的人脱离了农业生产，专门从事手工业或者其他工作，而边缘的农村则要为他们提供充足的食物，以保证这个城市的正常运转 ，这对处于新石器时代的玛雅来说是不可思议的。

仪式中心建筑群

卡拉克穆尔城的中心和大多数玛雅城市一样是重要的祭祀区域，卡拉克穆尔的君王派人在这里建造了大型的广场和金字塔神庙建筑群。卡拉克穆尔城的外围是一道坚固的城墙，这在已发现的众多的玛雅古城遗址中是极其少见的，由此可见这座城市在军事上的准备和它所面临过的外界压力。另外在这个巨大的城市中有着纵横交错的水道，这些水道为城市居民的生活提供了丰富的水源，也为出行提供了交通上的便利。

隐匿在热带丛林中的卡拉克穆尔城

卡拉克穆尔的中心广场的南侧是2号金字塔神庙，整个神庙高55米，占地140平方米，在外形上2号金字塔神庙显得高耸而挺拔。2号金字塔神庙顶端的宫殿由9个房间组成，这些房间中分布着38个壁炉，除此之外，房间里还有磨盘、祭坛、陶器等东西。2号金字塔神庙是一个绝好的观景平台，玛雅的祭司在这里举行祭祀仪式，观测天象，瞭望丛林深处。在2号金字塔神庙的前面是一组碑刻，这些碑刻所记录的历史已经被破译，我们可以从中得知卡拉克穆尔发展的历史。

6号金字塔神庙和4号金字塔神庙分别位于中心广场的两面，是在前古典时期的末期建造的，后来玛雅人又对它们进行了较大规模的改造。当我们站在4号金字塔神庙上，面朝东方，在夏至日我们可以看到太阳在 6号金字塔 A区后面升起，冬至在 C区后升起，春分或秋分在中心点的 B区后升起。这些独特的设计既体现了玛雅人高超的建筑技艺，又体现了他们在历法、数学上取得的重要成就。3号建筑位于中心广场的东南面，是一座建于古典时期早期的宫殿式建筑，这个巨大建筑的中间是一座墓地，这个墓地和宫殿通过一条细小的管道联通，这也证实了玛雅人的坟墓不完全封死，让逝者的灵魂可以通过预留着的通道升天的理念。在墓葬中，考古学家发现了一具成年男子的尸体，尸体上涂着血红色的颜料，而面部则带着青玉面具，除此之外，考古学家还在墓葬中发现了玉镯、玉耳塞、玉珠、珍珠、陶瓷器皿等随葬器物。从这个墓穴中发现的陪葬品及其墓葬的位置，我们可以推测这个重要的人物应该是卡拉克穆尔的某位君王。

从强盛到衰败

公元6世纪，作为玛雅中部地区最强大的城市——卡拉克穆尔面临着来自多方面的压力，其中与之相对的另一个大城市蒂卡尔一直以来都和它保持着非常激烈的竞争关系。卡拉克穆尔为了获得地区的霸主地位，为了获得更多的生存空间，不得不向这个比它发展得更早的城市发起挑战，一直以来，两个国家之间战事不断。到了562年，卡拉克穆尔与邻国卡拉阔尔结成同盟，才大败蒂卡尔，一跃成为玛雅中部地区新的霸主。卡拉克穆尔在599年和611年，又先后两次打败西部地区最大的城市帕伦克，这使得卡拉克穆尔的霸主地位更加稳固了，不过帕伦克在国王帕卡尔二世的统治下很快就恢复了元气，并且日益强大，最终帕伦克限制了卡拉克穆尔向西的发展。

多斯皮拉斯是一处极其重要的军事要地，它一直是卡拉克穆尔和蒂卡尔争夺的焦点。629年，蒂卡尔控制了多斯皮拉斯，为了加强统治，蒂卡尔王派自己的弟弟驻扎在这里。后来，卡拉克穆尔从北方发兵攻打多斯皮拉斯，多斯皮拉斯的统治者向卡拉克穆尔投降，并与卡拉克穆尔人一起攻打蒂卡尔，蒂卡尔被击败后，多斯皮拉斯的统治者随即杀死了自己的亲哥

卡拉克穆尔遗址的建筑

哥，并继续征战四方。695年，蒂卡尔再次击败卡拉克穆尔，并确立了中部地区的霸主地位，而卡拉克穆尔则从此一蹶不振，衰亡下去，到了10世纪，卡拉克穆尔和其他的玛雅城邦一样被神秘地遗弃在丛林中。

衰亡的原因

玛雅地区城邦众多，各自相对独立，规模都不算大，经过多年的考古发现，整个玛雅地区有170多座较大规模的城邦，而其他未被发掘的小城邦还有很多。在众多的城邦中蒂卡尔和卡拉克穆尔在玛雅的历史上显得尤为重要，有学者曾经指出，玛雅文明在古典时期末期的衰亡和这两个大城邦之间连年发生战争有关。2002年的夏天，来自墨西哥湾的飓风将危地马拉多斯皮拉斯一座玛雅金字塔神庙旁的大树刮倒，在树根的下面，人们发现了18级隐藏的台阶，在这些台阶上，刻写着几百个玛雅象形文字。考古学家对这些文字进行了解读，并从中得到了蒂卡尔和卡拉克穆尔之间战争的信息。这是一场旷日持久的战争，战争双方作为玛雅地区最为强大的城邦，拥有极强的影响力。其中蒂卡尔在鼎盛时期城市面积就超过了65平方千米，居民达到5万人以上，而受它直接影响的区域有500平方千米，将近200万人口。这对处于石器时代，整个人口只有一千多万的古玛雅来说可以算得上是极其强大的"帝国"了。而同一时期，卡拉克穆尔也有着相应的规模。卡拉克穆尔和蒂卡尔两个庞大的集团之间的战斗造成了玛雅中部低地地区各个城邦不堪重负，而血流成河的战争消耗，最终极大地减弱了这一地区的实力。在蒂卡尔战胜了卡拉克穆尔后，它自身的损耗或许更大，那原先维系着的联盟关系也因力量的改变而互相猜忌，整个地区处在极其危险的境地。这场战争留下的创伤一直无法修复，而祭司却假借神灵的名义大肆杀死俘虏，后续不断的混乱将整个中部地区的元气耗费殆尽，最后的没落也就在所难免。

VISIBLE HISTORY OF THE WORLD

关键词：壁画 / 绘画艺术 / 色彩

波南帕克的绚丽壁画

▪ 公元6世纪～公元8世纪

在玛雅文明废弃的城邦之中，波南帕克的面积不算大，气势也不算恢宏，但就是这样一个貌不惊人的小镇，却代表着玛雅文明艺术的高峰。绚丽的壁画不仅是玛雅人高超技艺的真实写照，也是人类早期文明遗留下的不可多得的瑰宝。当一幅幅色彩丰富的壁画映入眼帘时，那一个个古老的故事也就变得栩栩如生。

因画得名的小镇

有一个被遗弃的玛雅小镇——波南帕克，它位于潮湿的原始森林深处，默默无闻，小而简陋。茂密的原始森林在逐渐吞噬着它，茁壮而修长的青藤环绕着废弃的古代建筑，使它几乎与世隔绝。然而，就是在这将要消失的古代废墟中却保存着最优秀的玛雅古代壁画作品。

1946年，考古学家艰难地穿过密密的丛林，劈开丛生的藤蔓，进入到这些建筑中考察，竟意外地发现了一批令人叹为观止的壁画作品。转眼之间，这个小镇声名大振，它的名字也永远载入世界美术史的长卷中。

由于一千多年来一直被封闭在原始森林之中，与外界隔绝，波南帕克的壁画幸免于人为的破坏和自然的风化。在刚被发现时，这里的壁画的色泽完好如新，光彩夺目。但发掘之后的频繁参观与考察把尘土和微生物带入了建筑内，使它迅速地失去了某些鲜活的色彩。幸运的是，学者曾完整地复制了这些壁画，使之得以永留人世。

小房间里的大发现

波南帕克的壁画主要集中在一座由三间房组成的建筑中。这座建筑的每间房内的墙边都围绕着一圈长椅，显然，这里是古代波南帕克首脑和贵族议事的大厅。每个房间虽然只有十多平方米，但房间的内墙布满了壁画，壁画中的人物高大逼真。整个建筑内墙的壁画组成一个完整的故事，而且像玛雅文字的阅读顺序一样，从左到右地发展。考古学家们把这一建筑称为波南帕克1号建筑，又称为绘画庙。其实这不是一座神庙，而是一座宫殿，玛雅贵族在这里记载了他们的历史大事，为他们自己歌功颂德。巨幅壁画表现的是战争事件的始末。

v 绚丽多彩的壁画

第一间房画着一个神圣的仪式场面：一个皇族少年（也许是王位继承人）在一群手持阳伞的随从的陪伴下，与身着盛装的贵族一同出席宴会。这场宴会可能是战争开始之前为征战的军事首领准备的。第二间房位于建筑物中央，壁画的内容给人印象最深。它表现了一个异常激烈的战斗场面，以及战斗结束后胜利者的凯旋和对俘虏施以酷刑的场面。第三个房间是庆祝胜利的场景：胜利的将士们在金字塔前随着喇叭和鼓声翩翩起舞，他们的君主坐在轿子上观看，与此同时，那个被击败的敌方首领被按倒在金字塔前的祭坛上，被祭司杀掉祭神。

胜利之歌《凯旋图》

画家力图以这种对比来衬托胜利者的荣耀与得意。在这种对比中，第二间房的壁画就是著名的《凯旋图》，它是现存的最完整的玛雅绘画作品，尤其是其中的战争结束后胜利者凯旋时的场景，可以说是玛雅绘画最杰出的代表作。它占满了整整一面墙，其中人物共有37个。

这个凯旋场面表现在一个建筑物的台阶上：盛装的胜利者头戴各式兽形头饰，手持长矛和火把伫立在台阶的最上层，正中央站着的是头戴羽毛头饰的军事首领。在台阶的最下层还站着一排胜利的武士，他们手持武器看守着一群赤身裸体的俘虏。这些凯旋者一个个头戴高耸的头饰，身着华丽的戎装，体魄强壮，精神饱满，趾高气扬，不可一世。

在台阶的中部，跪坐着十几个近乎全裸的俘虏。他们一个个蓬头垢面，脸色凄惶，失魂落魄地跪倒在胜利者的脚下，听凭他人宰割。胜利者将他们一个个用骨针扎破手指，让汩汩的鲜血流满台阶，以示悔罪。他们的首领跪在台阶上胜利者的首领面前，举着流血的手，以绝望无助的神情请求宽恕。在台阶的中央，有一个武士斜倚在台阶上，已昏迷不醒、奄奄一息，裸露的肉体耻辱地、毫无保护地呈现在敌人面前。在他的脚下，有一个俘虏已被砍下了头颅，显然是因为他不愿屈从于任人侮辱和虐待而被当场斩首的。在画面的左边，扎破手指的酷刑还在进行，一个俘虏的手指被胜利者提起来扎破放血，这些可怜的俘虏在自己同胞的尸体面前不得不甘受屈辱。

这幅壁画本来的创作意图不外是为了记载玛雅人征服异邦的光荣历史，为他们自己歌功颂德，表达他们在取得胜利之后的喜悦心情。所以，在表现人物时，尽可能地采取了强烈的对比手法：强壮与羸弱，华丽与破乱，威严与卑下，振奋与凄切等。

^《凯旋图》局部

图中头戴羽毛头饰的武士正手持武器看守着一些赤身裸体的俘虏。

不过，画家却把更多人性的精神和同情给予了失败者一方，在耀武扬威、不可一世的胜利者面前，阶下囚的处境显得格外悲惨。他们丧失了所有做人的尊严和权利，他们的首领也蒙受着极大的耻辱，不复有往日的体面，他们像牲口一样任人摆布，生命完全失去了保障。等待着他们的是什么样的命运呢？这完全取决于胜利者。也许是在祭坛前被杀死，也许是被卖为奴，终身服役，世世代代不得翻身。然而他们仍然抱着求生的本能，像动物一样渴望着苟且偷生。所以他们还惶惶不安地接受着屈辱的人身虐待，凄惶的眼睛无助地四处寻觅，希望在胜利者的脚下求得一线生机。他们这种惨不忍睹的处境因周围强壮有力的胜利者毫不同情的态度而显得更为震撼人心。他们的存在使本来应该充满欢悦的画面笼罩上一层沉重、阴冷的气氛。本来是歌功颂德、记载战争胜利的画面，却给人们带来更多的沉思和反省：战争给人带来的是什么？作为胜利的一方，得到的是荣誉、财富和奴隶，而作为失败的一方则是陷入万劫不复的地狱之中。谁

^ 玛雅遗址内的壁画均保留着丰富明亮的色彩，艺术气息十分浓厚。

又能永远做常胜的一方呢？这种沉思和内省使表现胜利喜悦的《凯旋图》蒙上了一层淡淡的阴影。

色彩的奥妙

这些壁画显示出玛雅画家高超的素描技术和透视表现手法，足以使16世纪欧洲文艺复兴时期的艺术家敬慕。那些赤身裸体的俘虏的人体刻画具有惊人的准确性和合理性，他们跪坐在台阶前的不同姿态的扭动、仰合变化表现得娴熟自如。尤其是斜躺在台阶中央的那个濒死的武士，其极不规则的自由姿势需要更多的透视缩短法，甚至那种奄奄一息、全身乏力的身体也表现得如此传神。玛雅壁画同时也是最杰出的装饰画。玛雅艺术家偏爱勾线平涂色彩的手法，但在画面上却采用了丰富的色彩。明亮而鲜明的橘黄、淡黄、赭石、翠绿、深红、大红、深蓝和谐地融为一体，使画面具有强烈的装饰意味。深蓝色的背景上点缀着红色的人体、白色的衣服、绿色的羽毛衣饰等。所有强烈的色彩镶嵌在一起，闪烁着宝石一般的光泽。玛雅艺术家成功地采用矿物质为颜料，这些颜色经历一千多年而不变色。它们那富有强烈对比度和装饰性的特点使这些古老的壁画显示出某种现代色彩，更令现代西方艺术家惊叹不已。

这一战争主题画的发现使历史学家和考古学家得以重新认识玛雅人的历史。由于古典时期的玛雅城市通常都没有围墙及其他防御工事，早期研究玛雅文化的学者因而得出结论，认为玛雅是一个热爱和平而不具有侵略性的民族。事实上，玛雅人和其他民族一样，也存在战争和暴力。栩栩如生的波南帕克壁画表现的战争场面完全说明了这一点。近年来，在玛雅废墟中有武器被发掘出来，这进一步证明了上述观点。

此外，波南帕克的统治者可能也是绘画艺术的倡导者，他们在城市的宫殿和神庙中更多地采用绘画来装饰。这一倾向使绘画艺术在波南帕克得到了发展，因而，这里可能孕育了古典时期最杰出的玛雅画家。

关键词：象形文字 / 玛雅文明 / 宗教

难以破译的古老文字

▪ 公元前50年～公元5世纪

无论是神秘的宇宙飞船石板也好，还是惊悚的世界末日预言也好，玛雅文明神秘的根源在于玛雅文字的难以破译。如果玛雅文字能够被破译，那么从玛雅残存的文献以及不断发掘的石碑、石板文字中，我们就能够真实地解读出玛雅人的所见、所想与所为。但如今解读出来的文字不到所见玛雅文字的三分之一，而已经解读出来的部分，却让玛雅文明更添神秘。

古老的象形文字

奥尔梅克文明作为美洲文明的曙光，创造了辉煌的文明遗迹，而在文字的使用上，奥尔梅克人已经具备基本的书写技巧，这在世界范围内也是不可忽视的。不过真正将象形文字发展到极致的是古玛雅人，他们在公元前50年～250年前后将文字发展到了一个全新的阶段，在这300年的时间里，文字在玛雅的上层社会中已经作为一项重要的技能被大家掌握，其中负责祭祀的祭司阶层是懂得玛雅文字最多的人，他们不但能读懂玛雅的象形文字，并且能够书写和雕刻这些圆润的象形文字。

在众多的玛雅文字考古发现中，第一块刻着玛雅文字的石碑是在蒂卡尔被发现的，当人们发现这块刻着奇异文字图案的石碑的时候，都兴奋不已。可是谁也不知道上面写着什么，而且很长时间都无法破解其中的秘密，后来玛雅文字研究获得突破，才知道其中记录的内容，并且确认这块石碑是在292年被刻写而成的。玛雅文字在公元前后已经产生，并在以贝登和蒂卡尔为中心的小范围地区流传，玛雅文字产生之初，并没有造成多少影响，而真正被广泛传播和普及是在公元5世纪中期，那时候玛雅地区的商业已经比较发达，许多新的事物都是通过商路传播的，而文字作为文明的象征，它在各个城邦的普及也意味着玛雅文明进入了全新的阶段。

∧ 在玛雅，文字作为交流工具的意义似乎远比不上其在宗教上的意义，图中的象形文字被雕刻在神庙的门楣和石柱上，无疑有着一种神圣的象征意义。

文字的宗教性

在现存的大量的遗迹中，都有玛雅文字的发现，其中最多的是石碑、庙宇、墓室的墙壁上，在玉器和贝壳上也有发现，也有类似毛笔书写的文字，而描绘在陶器、榕树皮和鞣制过的鹿皮上的文字或许更多，只是难以保存，再加上西班牙殖民者的破坏已经几乎见不到了。不过即使是这样，在今天我们也发现了数量庞大的玛雅文字，其中在科潘遗址的一座金字塔的台阶上，就有二千五百多个象形文字，这就是玛雅最为著名的铭刻杰作“象形文字梯道”，在8米宽、共90级的石灰石台阶上刻写着如此丰富的象形文字，而且其中所记录的历史信息更为吸引人。

玛雅的象形文字往往和金字塔神庙等建筑有关，带着明显的宗教意味，在今天我们所能够看到的《德累斯顿抄本》《马德里抄本》《格马里耶抄本》和《巴黎抄本》四部手抄本中所记录的象形文字也多和宗教有关。我们或许可以推测，玛雅的象形文字原本是各个部族中各种神的形象，这些神的形象特殊，有的长着獠牙，有的和鱼儿一样，有的和南瓜有些相似。不同的神在玛雅人的生活中主宰着不同的事情，神灵数量之多可以涉及玛雅人生活的方方面面，就是一个取水的陶罐，或许玛雅人也会把他作为神灵供奉，这样不同的神灵就有着不同的面貌和造型，而这些造型就是最初的文字，是玛雅文字的起源。这些带着神的面貌的文字图案很特别，它和现在东

历史断面

疯狂的兰达主教

西班牙殖民者入侵玛雅后，对玛雅文化进行了毁灭性的破坏，其中兰达主教就是最疯狂的一个。他希望用西方的文明来代替玛雅文明，因而他在大肆破坏玛雅文明的时候，也对玛雅文化进行了再塑造，其中他所撰写的《尤卡坦记事》就是一本非常重要的书籍，在书籍中记载，兰达主教在当地懂得玛雅文字的印第安人的帮助下，从象形文字中找到了27个可以在西班牙字母表中匹配的符号，这样玛雅文字在某种程度上便可以得到解读。根据兰达主教提供的这份资料，从1880年起，德累斯顿皇家图书馆的首席图书管理员——被誉为“玛雅象形文字研究之父”的德国人弗斯特曼开始了长达14年的研究工作，在他的努力下，部分文字终于得到了解读，而这只是玛雅文字解读的开始。

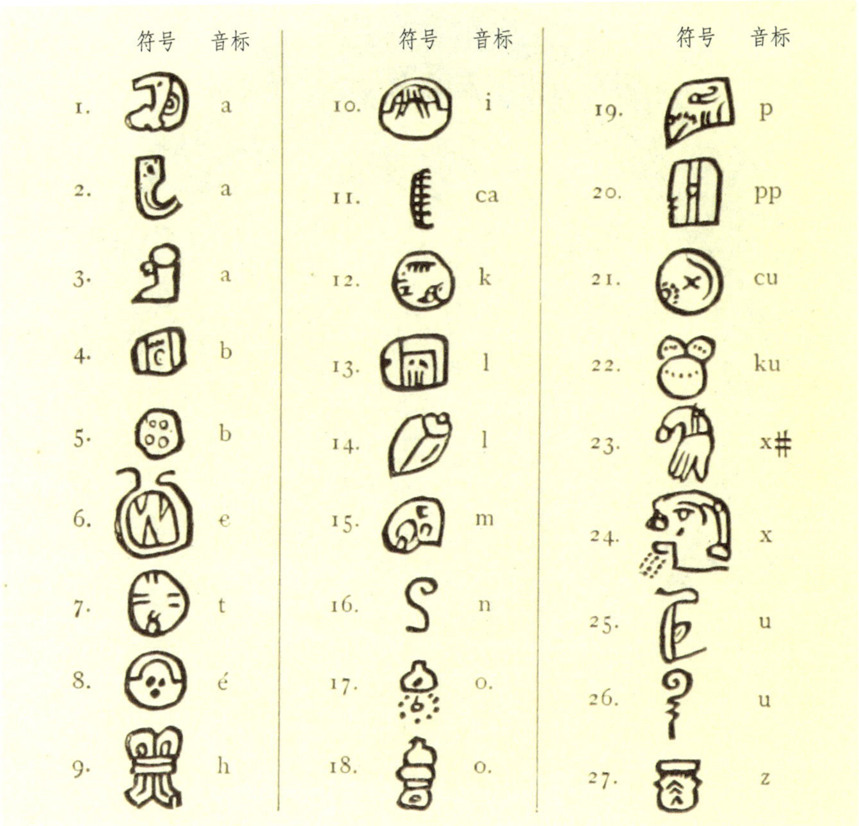

	符号	音标		符号	音标		符号	音标
1.		a	10.		i	19.		p
2.		a	11.		ca	20.		pp
3.		a	12.		k	21.		cu
4.		b	13.		l	22.		ku
5.		b	14.		l	23.		x#
6.		e	15.		m	24.		x
7.		t	16.		n	25.		u
8.		é	17.		o.	26.		u
9.		h	18.		o.	27.		z

^ 兰达主教破译的玛雅文字及所匹配的玛雅字母表

西方文明发现的各种文字有着很明显的差别，玛雅文字的图案表意有着自己独特的方式，而读音则更是难以琢磨，因此在玛雅文字的破译上，在很长的一段时间里人们无从下手。

文字的破译

早在一百多年以前，就有很多学者对玛雅文字产生了浓厚的兴趣，并且展开了研究，不过他们的研究一直没有取得令人满意的成果。在玛雅文字的

黏土烧制的玛雅圆盘

画中的抄写员右手拿画笔，左手托圣书，他头上有装饰物刷子。

研究上，大家一直对玛雅文字的会意和象形问题争论不休，其实这也是大家对玛雅文字所知不多造成的结果。一些学者认为玛雅文字的特点是会意，玛雅文字手稿中体现的内容不过是一些字谜而已，这是对大多数人所认为的玛雅文字具有象形意义的一种否定。当然，如果玛雅文字具有会意功能，那么就意味着解开玛雅文字之谜有着难以逾越的困难，在今天我们如何去理解4000年前的文字的意思呢？这几乎是不可能的事情，除非发生某种转机。

在玛雅文字会意和象形的问题上，苏联彼得格勒的玛雅文化研究者尤里·克诺罗索夫坚持象形说，并且成功地解读了一系列的单词，他的成功破解为后续的研究指明了方向。尤里·克诺罗索夫认为，玛雅的象形文字和中国、埃及的古文字一样，都是象形和声音的联合体，也就是说，一个文字既有形体的意思，也代表了某种读音。因为尤里·克诺罗索夫突破性的发现，在玛雅文字的后续研究中，人们通过象形文字及其语言本身的规律性，找到同玛雅语言中的单词相同的变体。

在此之后，碑文的研究者开始为文字找音标。16世纪，兰达大主教所留下的某些记录给他们提供了非常重要的帮助。不过这依然是一个漫长的过程，而且需要耗费大量的精力来完成。随着现代科学技术的发展，特别是计算机的应用，对于玛雅文字的研究起到了重要的作用。苏联科学院西伯利亚分院的数学研究所通过计算机对玛雅文字进行系统的分类整合，并运用一些全新的理念进行分析，取得了令人意想不到的成功，在玛雅文字中那些使用频率最高的单词的语法意义已经基本被确定，一些独特的语法功能也被发现。在玛雅文字的探寻中，最有意思的算是玛雅统治者的名字，诸如飞鸟美洲虎、烟鼠和暴风雨天空等，这些名字的破解只是玛雅文字研究的第一步，在后续的研究中人们还需要对那些未知的符号和图案做更多的探索。1960年，美国学者塔约娜 ·普罗斯科拉亚科夫对玛雅文字的研究有了另一个重大的突破。她在对玛雅文字进行研究的过程中，发现许多文字中都含有固定的时间信息，这些时间相隔多数都在50到60年之间，而这正是当时玛雅人的普遍寿命，于是她认为玛雅文字记录的主要内容是历史，而这些历史主要讲述了统治者和王族生平的事迹，以及他们怎样被命名，他们的生日等和统治相关的重大历史事件，很显然这为碑刻上的玛雅文字的解读找到了一个正确的方向。在今天有近三分之一的玛雅文字已经被破解，但是世界各地的玛雅文化的研究者并没有停止对玛雅文字的研究工作，相信在不久的将来，人们会有更深入的研究，并且逐渐揭开玛雅文字的神秘面纱。

专题

神示之国——阿兹特克

⊙15世纪 ⊙阿兹特克人 ⊙特诺奇蒂特兰城，今墨西哥西部

阿兹特克文明是继玛雅之后，中美洲地区的又一重要文明。阿兹特克文明在发展过程中，向玛雅文明学习，并一度与玛雅文明相互影响，对于两个文明共同的欣欣向荣产生了重要作用。阿兹特克人有自己独特的社会组织、建筑技艺、宗教信仰。他们认为是神的指示让他们得以建立起一个庞大的城邦国家，创造了辉煌的文明，但神示之国最终仍在殖民者的践踏下迅速消亡。

神示建国

在玛雅文明兴起之后，在中美洲地区阿兹特克人也曾创造了较高的文化。据说阿兹特克人最初住在海岛上，地点可能是墨西哥西部。他们在很长的一个时期内，作为雇用兵向不同的酋长出卖劳役。他们把传说的家乡称为“阿斯特兰”，阿兹特克的名字就是由此而来。

1069年，阿兹特克人从墨西哥北部开始向南部迁移。传说阿兹特克人曾得到部族保护神维齐洛波奇特利的启示：如果在哪里见到一只鹰口衔一条蛇，站在仙人掌上，这个地方就是你们定居之地。经过两个多世纪的颠沛流离，阿兹特克人最后于1325年在特斯科科湖的一个岛上，果然看到一只鹰衔蛇栖于仙人掌上的神奇景象，于是便定居下来，建立了特诺奇蒂特兰城，即今墨西哥首都墨西哥城所在地。

阿兹特克人与邻近两个部落结成联盟，迅速向外扩张，到最后一位首领蒙特苏马二世（1475—1520）时，阿兹特克已成为墨西哥谷地的盟主，其疆域北至奇奇梅克边境，南至中美玛雅地区，人口六百余万，发展到了它的极盛时代。1519年，西班牙殖民者科尔蒂斯登上了墨西哥海岸，1521年攻占了特诺奇蒂特兰，阿兹特克国宣告灭亡。

社会组织

特诺奇蒂特兰以大型庙宇建筑为中心，两条交叉的大路把全城分为四个大区。这四个区分属四个胞族，每个胞族又包括若干个被称作卡尔普里的氏族，分别居住于各个小区。到西班牙人入侵时，血缘关系日趋淡薄，按血缘结合的原则已为地域原则所代替，但社会组织仍以氏族制为基础。每个氏族都有自己的氏族长、祭司和保护神，享有处理自己内部事务的权利。氏族之上便是部落。部落首领称酋长，由氏族成员中选举产生，一般为终身任职。

阿兹特克社会的最高组织形式是部落联盟。1426年，阿兹特克部落同特斯科科部落和特拉科潘部落结成了联盟，称之为阿兹特克联盟。阿兹特克联盟的领导机构是由三个部落酋长组成的最高酋长会议，首府设在特诺奇蒂特兰，由阿兹特克部落的酋长任首领，拥有最高军事指挥权，从而成为联盟的统帅。联盟所征服的各部落，仍保有自己的部落神和习俗，由自己的酋长管理，但要定期向阿兹特克联盟交纳贡赋。随着联盟势力范围日益扩大，阿兹特克的最高军事酋长权力不断增强，在被西班牙征服前夕，大体上已具有国王的权势和作用。据说阿兹特克的国王蒙特苏马每顿饭必须用30种以上不同的菜肴。这些饭菜还要用火锅以保持适当的温度。此外，蒙特苏马的后宫中还拥有姬妾千人和各种各样的奇禽异兽，专门供他享乐。

阿兹特克社会实行土地公有制，土地分成王田、祭司田、军田，由公社成员集体耕种，以供氏族首领、部落酋长、祭司和武士之所需，他们逐渐形成为阿兹特克社会的统治阶级。大部分土地由酋长和部落议事会统一分配给各个氏族，为氏族公有，然后由氏族分给各家庭耕种。父辈死亡或残废，土地可由长子或其他充任户主的人继承，但土地所有权仍为氏族所有，不得转让。

阿兹特克人从征服中获得了大量的土地和奴隶，这些土地和奴隶逐渐被上层统治者变成自己的私人财产。土地由奴隶和被征服的氏族耕种，劳动者附着于主人的土地之上，可以被主人出卖或传给后代。除战俘外，本族内的欠债者和罪犯也可以沦为奴隶。奴隶劳动和奴隶贸易虽然开始流行，不过奴隶在整个经济生活中只占次要的地位。

雄伟的首府

阿兹特克文化是在吸收、融合这个地区其他文化传统上发展起来的。因而，这个原来较为后进的部落在文化上也放出了特有的异彩。阿兹特克人是优秀的建筑师，他们建设的首府特诺奇蒂特兰，既继承了墨西哥高原早期印第安人的城市建筑风格，也是阿兹特克人聪明才智的反映。

全城金字塔形坛庙林立，共有四十多座，其中以位于城市中心的大庙和特拉德洛克神庙最为宏伟。大庙是一组建筑群，它包括供国君和贵族居住的78座宫殿和大厦。宫殿遍饰羽

惠兹洛波奇特里，中美洲阿兹特克战神。在古抄本里，他通常身穿战衣，带着一支羽毛箭和一个盾牌。

蛇浮雕。蒙特苏马居住的宫殿，有白色亭台，并装饰着精美的庭院和花园。大庙既是中心，又是最高点，其他建筑由中心逐渐向四面八方伸展直至湖边，越是接近城市的外围，建筑物的规模就越小。整个城市犹如一座大金字塔。

▲墨西哥阿兹特克人的城邦向国王纳贡

另一著名建筑物是特拉德洛克神庙，这是一座高达35米的金字塔坛庙，两边各有两排120级台阶供人们上下，十分壮观。特诺奇蒂特兰是一个岛城，有三条宽达10米的石堤道通向陆地，其中一条长达11.3千米。在石堤上每隔一定距离就修一条横渠，以利湖水相通，船只往来，中间以木板做桥，遇有敌情，可随时拆除。为满足岛上居民安全和生活的需要，修建了防洪大堤和引水渡槽。由于湖水盐分过多，水味咸苦，引水渡槽是为了从岛外引入清洁的饮用水。全城四面环水，碧波荡漾，宫殿坛庙倒映在湖水之中，景色之富丽，使西班牙殖民者为之倾倒，惊呼为“世界公园”。

该城至沦陷前，面积13平方千米，房屋6万幢，人口达8万，为当时世界上大城市之一。巨大的公共建筑物上，涂以石膏，白光耀眼，瑰丽壮观。街道宽广，市场上的货物应有尽有。市内还有1000名清洁工，在主要街道上通宵都有熊熊的灯火照耀。特诺奇蒂特兰是当时世界上人口最多和最为热闹的城市之一。它的繁华程度超过同时期的君士坦丁堡以及意大利的任何城市。

多彩的生活

阿兹特克人以农业为生，主要农作物有玉米、豆类、蔬菜、棉花、龙舌兰和烟草等。为了扩大岛城的种植面积，他们在湖面上打水桩，然后扎上木筏，铺上湖泥种植庄稼，玛雅人后来还向阿兹特克人学习了这一农作物种植方法。

他们还大力兴修水利，使全岛河道纵横，沟渠交错，仅岛的南部霍奇米尔科一地就有1.5万条人工渠。阿兹特克人农具比较原始，一般用尖木棒翻土耕种，但由于懂得利用灌溉和施肥，农业产量较高，可以养活大量人口。

阿兹特克人的手工业也较为发达，能制造各种出色的手工艺品。阿兹特克人的手工业制品也比玛雅人进步，已能普遍制造铜器，掌握铸造、压印金器和以宝石镶嵌装饰品等技术。纺织、刺绣、木雕、陶器和羽毛饰物也都有相当的工艺水平。1520年，德国文艺复兴时期的著名艺术家杜勒，在评论阿兹特克人的精美工艺品时赞美道：“我一生从未看见过有如这些礼品这样合我心意的东西。因为我在这当中看到了珍异的艺术品，我惊奇遥远地方的那些人的聪明才智。”

经济的繁荣促进了商业交换活动。在特诺奇蒂特兰有一个特拉特洛尔科大市场，四周高墙、廊柱环绕。每到一定日期，来自包括中部美洲各地的印第安人都携带货物来此交易，多达万余人。一般为以货易货，有时也把可可豆作为交换媒介。

宗教在阿兹特克人生活中占有重要地位。每个氏族都有自己的信神，主要的部族神竟有六十多个，这反映了众多部族大融合的特点。阿兹特克人除供奉羽蛇神之外，还崇拜自己的部族神维齐洛波奇特利。人们常把此神与太阳神视为同一个神，也是战争之神。

阿兹特克人的历法同玛雅人极为相似，知道一年为365天，每20天定为一个月，一年有18个月，以52年为一个大周期。从特诺奇蒂特兰的废墟中发掘出的太阳石，直径约3.6米，重24吨，上面精美的几何图形上刻着阿兹特克的历法。他们的医学同宗教密切结合，除用巫术治病外，已掌握一定的医学知识，据说他们已经能够把包括药用的1200种植物进行分类。

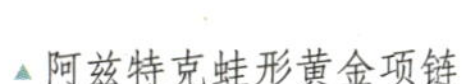

▲阿兹特克蛙形黄金项链

阿兹特克人的文化与玛雅文化有许多相似之处，但也有自己的某些特点。就现在所知，除图画文字外，已有某些象形文字的萌芽。图画文字主要用来记载被征服者交纳的贡品的品种和数量，对历史和知识的传授主要靠口诵，世代相传。他们兴办了各种学校，让青少年接受农业园艺、植物医学、天文数学和军事技术的教育。学校教学主要通过口授，同时辅以图画。由于学校众多，青少年的教育已相当普及。

第四章

探秘玛雅失落的文明

在历史的长河中，玛雅文明似乎从天而降，在最为繁盛之时，又突然衰落。这个伟大而神秘的民族，建造了宏伟的金字塔，创造了精美的壁画和独特的象形文字，有自己独特的天文历法和数学计算体系，古老的玛雅文明曾是人类历史上的一颗璀璨明珠，而它们于鼎盛时期忽然集体衰落，文化发展也突然中断，是因为外敌入侵，还是自然灾害所致？无数的疑团给世界留下了一个个巨大的秘密。

关键词：玛雅预言 / 天文观测 / 历法

末世预言与2012

■ 约10世纪

时间已跨到2012，有关世界末日即将到来恐怕是人们讨论最多的一个话题。一些电影和媒体的推波助澜也无形中渲染了一种气氛，似乎玛雅人在一千年前就已经知道了，世界必将在2012年毁灭。那么我们不妨从2012传说的源头玛雅人来谈起，仔细讨论一下这到底是怎么回事。

洪水与毁灭

世界上许多民族的传说中都有大洪水的影子，比如《圣经》中的诺亚方舟，中国的大禹治水等，玛雅人同样有洪水毁灭世界的记载，并且在他们心目中这洪水还不止一次，已经发生了三次。

在第一次洪水之前，世界居民是一些小矮人，他们建筑了许多伟大的城市，是一个成熟的文明。但是有一点，这个民族是夜行性的，只要太阳一出，矮人就会变成石头，所以后来的玛雅人会用一些石头雕刻的矮人雕像来纪念这个文明，这在考古现场多有发现。后来这个文明被一场“漫遍天下的大水”吞噬，只有一些城市的废墟留在了玛雅人后来居住的地方。

矮人文明毁灭后，另一批人占据了他们曾经生活过的家园，又建立起了文明。似乎玛雅人相当不喜欢这个第二世界的民族，称他们为“侵略者”，最后他们也被一场洪水冲刷得无影无踪。接下来的世界就是玛雅人自己主导了，但是好景不长的是又一场史称“浸没”的大水摧毁了这第三次文明。好在这次有神灵相助，幸存的玛雅人又重新繁衍生息起来，创造了现世的第四次文明。但是因为之前洪水留下的噩梦印象太深刻，所以玛雅人怀有一种悲观的论调，就是这个世界早晚也会被一场洪水毁灭，留下的只有石头和骨骸。这种宿命论式的末日预言仿佛一把达摩克利斯之剑压在玛雅人的心头，那不知何时会到来的无情洪水，只要提起，就会让人感到深深的惶恐和悲哀。

天文观测与数学推演

受到这种压迫感的催促，玛雅人在天文学和数学上极为用心，他们的目的十分单纯，就是想通过研究天文掌握天时定律，观察四时的变化，以推算出精确的历法和世界毁灭的时刻，甚至在一定程度上可以说玛雅人后来那精妙绝伦的历法和令人瞠目的数学成就都是在这种原动力的驱使下获得的。

今天看来玛雅的历法是极为复杂的，他们有三套各自不同的体系：一年260天的“神历”，一年365天的“太阳历”和跨度可以长达几十个世纪的“长纪年历”。其中“神历”和“太阳历”因为起源不同而很难换算，所以玛雅人发明了将两者宏观统一的一个庞大的“长纪年历”，这是

∨ 玛雅历法盘

玛雅历法是一套以不同历法与年鉴所组成的系统，为前哥伦布时期玛雅文明所使用。

一个长到令人生畏的循环，一个长历相当于如今的5128年！

也许正是因为这段时间实在太长，所以玛雅人由此产生了也许一个长纪年历结束就是一个世界末日的想法，配合他们以前的创世与毁灭传说，玛雅人用精确的数学计算出如下结果：今天这个世界应该是始于公元前3133年。除去中间各种误差和换算之后，我们得到了一个很有趣的世界结束时间——2012年12月21日。

打破迷信

这个数字成了我们现在很多人心目中的世界毁灭日，其实它不过是源于玛雅人一个关于创世与毁灭的传说而已。只不过他们用自己卓越的历法给出了一个相对精确的数字，配合人们一贯对于玛雅文明"神秘""先进"等不可思议的想象，2012就成了一个被顶礼膜拜的数字，理性与科学在这跟前被自动无视了。

一个最有趣的现象就是，在如今各种跟2012有关的炒作、发布和跟风流言中，独独缺了玛雅后裔的影子。要晓得虽然他们先祖的文化已经被西班牙人毁了个干净，但是那些神话传说和固有信仰是保留下来的，而如今就在所谓的他们祖先推测说的世界末日跟前，这群固守传统的玛雅人却丝毫没有动作，不奇怪吗？

其实很正常，他们不屑于而已。迷信终究是迷信，它在科学面前最终会显形。

<《德累斯顿抄本》中的一页，很可能是在描述大洪水毁灭世界的故事。雨水从魔怪的嘴里、太阳、月亮以及女神的水罐里泻落，阴王手持双枪和一条长棍，头顶上的阴王之鸟在悲怆地啼鸣。

关键词：殖民入侵 / 文明消亡 / 战争

殖民入侵与玛雅之痛

■ 约16世纪

玛雅文明在世界上一共存在了四千多年，历经前古典期、古典期和后古典期三个阶段，玛雅文明后期已经进入铜石并用时代。但是，西班牙殖民军的到来彻底打断了这个文明独立发展的道路，并将其独有的文化和典籍毁灭殆尽，从而造成了人类文明史上永远无法挽回的损失，也留下了诸多难解的谜团。

殖民者东来

16世纪的20年代到50年代这段时间，在西班牙被称为“美洲征服时代”。刚刚结束的摩尔战争和意大利战争给西班牙国内留下一大批经验丰富的老兵，而他们多不安于平淡，在利益和宗教狂热的驱使下，这群来自欧洲的冒险家和亡命徒毫不犹豫地踏上了驶往新大陆的航船，准备在那里继续他们过惯了的刀光剑影的日子。

而远隔大洋彼岸的印第安文明，却对他们即将临头的厄运毫无所知。

最先被征服的是北方的阿兹特克人，而最令人难以置信的是西班牙人埃尔南多·科尔蒂斯居然只带了一千多人就征服了这个幅员辽阔、人口多达五百多万的大帝国，并将它的首都毁灭殆尽。这其中固然有西班牙人的骑兵和火器等印第安人从来没见过的先进武器的威慑作用，但是阿兹特克人自己的各种措施失当才是灭亡的主要因素。

首先是国王蒙特苏马二世昏聩糊涂，误以为这群白皮肤留胡子的侵略者是伟大的羽蛇神的后裔，兴高采烈地开门迎接，让西班牙人不费一枪一弹就闯进首都王城，轻松“斩首”成功，导致群龙无首。另外，阿兹特克几百年来为了获取人祭频繁发动对外战争，导致藩属跟自己离心离德，最终沦为孤家寡人的境地。实际上最后科尔蒂斯二次攻陷阿兹特克首都的时候，是动员周边无数部落的近万联军，同他们这些殖民军并肩作战的。

无论如何，这群来自东方的白皮肤殖民者的凶名已经在外，而生活在尤卡坦半岛的玛雅人，能挡住凶残的殖民者“血与火”的征服吗？

入侵尤卡坦

此时的玛雅文明已经走近尾声，无论政治、军事制度还是日常生活习惯跟阿兹特克人已经非常接近，所以可能开始西班牙人也并没有把它跟已经征服的阿兹特克人区别开来，他们简单地认为玛雅的征服也可以一蹴而就。

但是玛雅人并没有犯蒙特苏马那种愚蠢的错误，这群骑马的大鼻子是什么底细，他们比北方的邻居可清楚得多。

事实上早在1517年，刚刚在加勒比群岛上站稳脚跟的西班牙人，就曾派人登陆尤卡坦半岛，试图抓捕当地人当奴隶。但是万万没想到遭到了当地土著的奋勇打击，只有十几条枪的西班牙人被成百上千的玛雅人围攻，连头目都险些被打死，只好狼狈逃窜。但是这次不成功的殖民入侵也把一个好消息带回了西班牙：尤卡坦半岛上的土人有城市、道路和整齐高大的建筑物，文明发达，与加勒比群岛上的食人生番不可同日而语，占领那里，意味着有更多的油水可捞。

西班牙总督闻讯大喜，立刻又拼凑了一支远征军去尤卡坦作战。但是这次的西班牙司令在船驶近海岸的时候发现玛雅人的城市高大恢宏，气势磅礴，相较之下自己家乡的城镇简直寒酸得要死，于是心理上产生了畏惧感，没敢登陆，而是转到了北方的阿兹特克帝国边疆一代，掠夺一番就离去了。

但这次接触，让西班牙人更加确信尤卡坦半岛是一块美丽富饶、遍地都是金银财宝的大肥肉。贪婪的殖民者已经打定了主意，无论如何也要把它吞进肚里。

∧16世纪，西班牙殖民者科尔蒂斯及军队进入古城玛雅。

奋勇抵抗

1527年，已经是新西班牙总督的赫南·科尔蒂斯决定征服尤卡坦，他将这项任务交给了手下一个叫弗朗西斯科·德·蒙特乔的军官去完成，整个远征队一共有380人，其中最令印第安人惶恐的骑兵仅有57人。

这倒不是西班牙人托大，而是科尔蒂斯手头能拿出来的兵力就只有这么多了，但诡异的是在人力对比如此悬殊的情况下西班牙人却往往能取得令人咋舌的胜利，比如5年后皮萨罗征服人口600万的印加帝国的时候，也不过仅带了200人，而且最后这些人都毫发无损。

不过蒙特乔并没有如此好运气，因为他的对手是通晓局势的玛雅人，而他们已经做好了抵抗到底的准备。

在行军的路上，蒙特乔霉运不断，且不说丛林中玛雅人无处不在的冷箭和陷阱，单是那炎热潮湿的气候、毒蛇、热带疾病以及各怀鬼胎的手下彼此的内讧与不信任就让他这个队长头痛不已。在走到玛雅人文明的发祥地——危地马拉的时候，一位叫库姆·乌曼的酋长奋勇抵抗更让他心惊不已。

在通向玛雅腹地的必经之路上，库姆·乌曼率部与殖民军奋勇血战，那些头戴羽毛冠，手持盾牌的玛雅武士前仆后继，用弓箭、石块和黑曜石砍刀等简陋的武器与白人入侵者殊死搏斗，自酋长库姆·乌曼以下，全部牺牲。

^ 1850年，一群玛雅人在洪都拉斯首都伯利兹（当时为英国的殖民地）发起暴动，抵抗殖民者对他们的压迫。由于缺乏组织与训练，且力量悬殊，失败在所难免。

而在玛雅人的传说中，库姆·乌曼死后升入天堂，化为一只克扎尔鸟，灵魂永生不灭。现代的危地马拉人依旧以他为荣，并将克扎尔鸟的形象印在国旗上，作为反抗殖民侵略、争取自由独立的民族精神的象征。

占领危地马拉之后，玛雅腹地对西班牙人已是一马平川，精疲力竭的蒙特乔抖擞精神，带着手下的暴徒开始了征服之路。他本想复制大头目科尔蒂斯的成功经验，一举攻下玛雅人的首都，俘虏国王，然后胁迫其投降。但是玛雅人素来都是城邦政治，根本没有一个所谓的首领和中心城市让他实施“斩首”战术。面对各自为战的玛雅城邦，蒙特乔只好一路攻城拔寨，热带雨林的潮湿环境让火枪基本没有用武之地，无处不在的藤蔓和灌木丛也大大限制了骑兵优势的发挥。精疲力竭的西班牙殖民者在一个又一个城邦中疲于奔波，最后兵力耗尽，被赶出了尤卡坦半岛。

此时的形势对玛雅人来说一片大好，但千不该万不该，赶跑入侵者之后，玛雅城邦内部因为分歧又开始了内战。以前有利于抵抗外侮的城邦制现在成了割伤自己的双刃剑，玛雅丧失了巩固胜利果实的大好时机，给了西班牙人卷土重来的机会。

1542年，经过了充分准备的西班牙征服者二次远征尤卡坦，在此前的内讧中元气大伤的玛雅城邦再没了抵抗的能力。西班牙人毫不费力地攻克了所有的城镇中心，建立起了殖民统治。虽然玛雅人在四年后又举起了义旗，但这次迎接他们的是西班牙人无情的钢剑和大炮，据估计有几十万的玛雅人被屠杀，另有同样数字的人被卖作奴隶，折磨致死。

文明消亡

此后的许多年，玛雅人的抵抗一直没有停过，像1546年那样的大起义在尤卡坦地区前后发生了4次之多，大大动摇了西班牙人的统治基础。而尤卡坦半岛独特的地理地貌也让这里很难建立起有效的统治，甚至直到20世纪末，有些村庄还没有被纳入说拉丁语的墨西哥中央政府的管理。

直到如今，在这些偏僻的地方仍然有操着古老方言的尤卡坦玛雅人的后裔在悠闲地生活着，而且他们依旧在使用祖先们流传下来的，已经有几千年历史的帕尔马耕作法种植着曾是玛雅人生活支柱的玉米，只不过他们的祖先曾经创造过的那些辉煌灿烂的文明，在这些后裔身上再无踪迹可寻了。

玛雅人作为一个民族并没有灭绝，但灭绝的是他们不可复制的文化，这是人类文明史的巨大损失，也是来自西班牙的殖民者永远不可饶恕的罪恶。

关键词：神秘／玛雅文明／衰落

失落的玛雅

■ 公元9世纪

也许关于2012的传言实在太流行，也许玛雅文明留下的一切实在太神秘，满足了一些人的某种情愫。所以今天，在我们的印象中玛雅文明实在背负了太多的谜，有关这个失落的文明的传言也多种多样，那这背后的真相究竟是怎样的呢？

失落的文明

如果用“失落”来描述人类历史上的某个文明，多半是指与这个文明相关的，具有生命力的现实存在已经消失，不再作为鲜活的一个独立文化体系影响现代世界。但这个文明会留下一些建筑物遗址或者文物典籍之类的遗产，能被现代人认知和感受。如古埃及文明，虽然它跟已经阿拉伯化的现代埃及社会一点关系都没有，但是金字塔依旧在尼罗河畔矗立，这就是“失落”的典型。

而玛雅文明，同样也是一个失落的文明，而且是一个失落的过程非常复杂的文明。

玛雅文明本身就是分段式的，在发展过程中有过起起伏伏的“崛起一没落一复兴一失落”的循环，而不像其他文明一样一脉相承。这个过程中最被人关注的就是玛雅人在公元9世纪突然从古典期的黄金时代瞬间跌落谷底，只留下一些被丛林吞噬的遗迹，而且又过了好几百年才在尤卡坦地区完成了后古典期的文明复兴，这几乎可以被认为是第一次“失落”了。

而后的玛雅后古典期文明同样也经历了“失落”，不消说这是来自欧洲的白人殖民者干的。凶残的西班牙人将玛雅人恢宏的城市悉数捣毁，宗教典籍也被付之一炬，掌握着玛雅文明核心知识的祭司阶层也被当作“刽子手”“异端”给送上了火刑架，只留下人数少得可怜的血统上的玛雅人后裔，却再也不能解读祖先创造的灿烂文明，这算是第二次“失落”。

最有意思的是，对玛雅文明的关注和研究也是直到19世纪才零星开始的，而在这之前西方的学者居然一直对这个新大陆的伟大文明视而不见，要知道那时候这里已经被白人统治了三百多年。

正因为如此，玛雅文明给人的“失落感”才会特别强。当西方考古学家第一次踏上这个在他们眼皮底下被忽视了几百年的古迹，看着一幅幅迥异于西方的文化卷轴缓缓展开时，那种历尽浩劫的沧桑感和失而复得的惊喜扑面而来，他们不禁大呼：“失落的玛雅！”

拨开迷雾

乍看上去，那隐匿于热带雨林中造型诡异的建筑遗迹，石壁上镌刻的深奥难解的象形文字，对比其他文明显得异常发达的数学和天文学，中世纪的辉煌过后又突然消失无踪，玛雅给后人留下了太多百思不得其解的谜团。这古老而伟大的文明的一切仿佛在云里雾中，神秘难测。于是乎坊间种种离奇的关于“失落的玛雅”的传说

蛙形陶罐

以蛙为造像的容器，在玛雅早期极为普遍。

不胫而走，在一些影视和出版物的推波助澜下，外星人、世界末日、超智慧民族等好似成了公众提到玛雅文明的第一反应。

但是，却没有人静下心来仔细想想，农业生产方法和交通运输方式都极端滞后的雨林文明，哪里会生出如许说不清道不明的外星亲戚或者上古智慧民族的祖宗？那些貌似真实实则虚妄的“证据”，根本经不起严密的考证和推敲。

不妨让我们拨开迷雾，探究传说背后真实的历史。那个曾经灿烂辉煌又充满了神秘色彩的玛雅文明失落之谜，究竟做何解释。那些关于它的失落之谜的形形色色的离奇传说，究竟有没有道理可言。

现在公认的说法是玛雅黄金时代的突然崩溃，原因是对自然环境过度索取造成的生态恶化。这在世界历史上并非个例，比如我们认为神秘难测的楼兰古国，衰亡的原因也是大量伐木造成的水土流失，环境恶化，最后被一场大风沙湮没无迹。

玛雅作为一个发端于热带雨林的文明，有着先天的劣势和脆弱性，恶劣的环境让它很难有一个稳定而且可以延续发展的文明体系的传承。柬埔寨历史上的吴哥王朝，也曾强盛一时，而我们今天看到的只有丛林中的废墟，见证了另一个雨林文明的荣耀与失落。

也许，这是宿命，一个文明在劣势的生存环境中与自然不屈不挠地斗争，但最终却走向了失败的宿命。

< 古玛雅废墟

关键词：中国 / 石制器皿 / 殷商时期

玛雅与中国

■ 公元前1500年～公元前1000年

时至今日，因为相关文献和文物的残缺，有关玛雅文明的大部分资料已湮没不闻，但是它留给世人的困惑、谜团以及随之伴生的各种推测、猜想却越发丰富起来。其中最有名的一个，便是玛雅人的中国起源学说。

令人惊异的巧合

在玛雅文明最重要的孑遗——库库尔坎金字塔的北面两个底角处，分别放有一尊张开大口的、面目狰狞的猛兽头雕，这便是在玛雅文化里大名鼎鼎的羽蛇神圣像。但是这雕塑如果被一个中国人看到了，十有八九会脱口而出："这不是龙嘛！"

的确，看这怪物的造型，长喙宽鼻，身披鳞甲，倒是像极了中国殷商时代青铜器上那种造型古拙、尚未生出犄角的螭龙形象。至于那个拗口的"羽毛蛇"，倒像翻译时候生造的词汇。更重要的是，羽蛇神在玛雅文化乃至整个中美洲古文明中都是掌管雨水和丰收的神祇——而在我们中国，向龙王爷祷告的词汇也是普降甘霖，五谷丰登！

其实早在20世纪初，中国最早一批驻中美洲的外交官就发现，当地玛

^ 在墨西哥及尤卡坦半岛上，耸立着许多气度非凡的金字塔，它们规模宏伟，构造精巧，引起了人们的极大关注。

雅人遗留下来的石制器皿在造型上与中国古时候的文物有着惊人的相似性，尤其上面镌刻的类似饕餮纹、云雷纹的图案与商周青铜器简直就是如出一辙。震惊之余，这批学贯中西的外交家提出了这样一种假设——玛雅文明是不是从中国的上古时代传入的？

从这种思路出发，越来越多的发现似乎表明了两种文明之间存在的惊人契合性。比如玛雅人也喜欢玉石并擅长玉器的制作，而这是除了信仰“君子德比于玉”的华夏文明外绝无仅有的——当年向乾隆朝拜的英国人马戛尔尼勋爵就不曾意识到中国皇帝赐予他的玉如意的价值，甚至在如今中国最大的玉料产地新疆和田，当地人家中也鲜有玉器的摆设。

同时，玛雅人也是西半球绝无仅有地采用十二生

肖的民族，甚至如今的墨西哥人仍然以虎、兔、龙、猴、狗、猪和其他六种墨西哥特有的动物组成十二生肖，而这也应该是除了中国和受中华文化影响的东亚文明圈之外所没有的。

^ 殷商时期的中国青铜器上的纹饰与玛雅石碑上的玛雅文字对比图。

中国古代讲究筑土为台，然后再在夯土堆筑的高台上建宫殿，以表达权力的尊贵、庄严，凸显恢宏的气度，这种建筑的形制从当时一些表示首都的汉字例如“京、亳、镐”中可见端倪。而反过来我们看玛雅神圣的金字塔，其实也是同样形制的高台，同样的高台上面的宫殿，叫“金字塔”不过是借用了埃及人类似建筑的名称而已，说起来倒是更多类似于中国人殷商时代的宫殿式建筑，不过建筑材料从黄土地上的夯土换成了中美洲盛产的石材。

从以上种种看来，玛雅文明倒好似成了中国殷商时代的某支遗脉，来到这大洋彼岸的中美洲繁衍生息，创造了灿烂辉煌的文明。以前常听人言道汉唐遗风在日本，大明余韵在韩国，难道我们还要加上一句“殷商后裔在墨西哥”？

听起来蛮像那么回事，但是这个猜想的前提是要有一批中国人在3000年前就曾跨过烟波浩渺的太平洋，一路航行到墨西哥安家落户并繁衍生息。而以当时的条件，这有可能吗？

殷商余脉与跨海东征

公元前1046年，武王伐纣，按照《封神榜》里面讲这是一场惊天地、泣鬼神，各路神仙妖法打了个天翻地覆、艰苦卓绝的持久战。而实际情况却是周人趁商军主力东征，首都空虚的机会，闪电战似的一举推进到其都城朝歌的近郊，商人仓促组织迎战的奴隶大军临阵倒戈，一败涂地，其统治者帝辛也就是纣王陛下只好在鹿台自焚而死，殷商就此灭亡。

而商军那支被派往今天山东一带作战的部队怎么样了呢？历史却再无记载，只有只言片语的传说是其在将军攸侯喜的率领下勤王不及，只好乘舟入海，十万大军从此消失不见。

而他们会不会就此驶过太平洋，到达彼岸的中美洲定居呢？

不妨先从技术条件来分析一下，这批人航行到美洲的可能性。

首先大海虽然浩阔无边，但并非我们后人想象的这般不可逾越。一个鲜活的例子就是南岛语族，很难想象这样一个分布范围几乎涵盖了整个印度洋和南太平洋上几百个岛屿的族群，竟然都是由旧石器时代一群来自中国的先民，利用简陋的独木舟，借助风向和洋流，登陆了一个又一个岛屿，然后生活、繁衍而成。

同时历史也曾记载过，公元前595年，伟大的航海民族腓尼基人受埃及法老尼科的委托，用了三年时间，从红海出发，完成有据可查的绕非洲的航行。而攸侯喜舰队的出发时间，不过更加提前了而已。

就如今考古发掘的遗迹来看，在殷商末年，山东沿海一带的渔民已经能够制造较为坚固结实的木板船，并且有了较为成熟的出海航行的技术和经验积累。如果攸侯喜强征渔民随大军一起出海，至少在物质上和技术上是无后顾之忧的。

而当年帮助南岛语族完成扩散的洋流，也会给殷商舰队到达玛雅一个很大的助力。中国外海有一道源于北赤道海流的黑潮暖流，舰队航行至此可以从中国台湾东部北上日本南岸向东，在此与常年顺风的西风漂流相接，可以一路航行到美洲加利福尼亚一带，再沿南向的加利福尼亚暖流，便可直达墨西哥海岸。有科学家曾经对此亲自试验过，业已证明了自东北太平洋上航行的小木船一旦进入这股长年性质稳定的漂流带，是可以到达美洲的。

另一个值得注意的问题是，在两种文明的碰撞中，数量和质量都是很重要的因素。历史上曾有多次来自先进文明的人闯入到落后的部落中，但是丝毫没有荡起一点文化进步的涟漪。比如大航海时代的欧洲水手因船舶失事漂流到野蛮部落，结局无外乎被做成烧烤或者自己也归化当了野人。而攸侯喜麾下多达十万的人口基数显然避免了这个问题，只要他们能在某个地方站稳脚跟，那个地方的文化必然会带上伟大的殷商帝国的影子。

如此看来倒是万事俱备，只欠舰队了。攸侯喜带领一群商朝遗民登陆墨西哥并建立第二殷商帝国，又发展出了另一个辉煌灿烂的文明，历史果真是如此演绎的吗？

演绎与推测

几乎是与武王伐纣同时代，中美洲的热带丛林中兴起了已知最早的印第安文明——奥尔梅克文明。其特征包括巨石建筑——金字塔、巨石雕像、小雕像、大型宫殿、尚未破译的文字体系、玉器、美洲虎、羽蛇、凤鸟崇拜、橡皮球游戏。这其中的许多元素，比如金字塔和宫殿建造、玉器雕琢、美洲虎和羽蛇神崇拜后来被所有的中美洲文明继承，因此大多数学者也认为奥尔梅克文明是后来所有美洲古文明的母体。

就奥尔梅克文明留下的遗物来看，最引人注目的无疑是两尊庞大的人头雕像，该雕像高达3米，面部有着典型的蒙古利亚人种的特征：扁平脸、塌鼻子、厚嘴唇，眼距较宽且眼神平视，跟秦始皇陵兵马俑的头像极为相似。

而更令人惊异的是这两尊头像都戴着一个奇特的头盔，这与我们后来印象中插了满脑袋羽毛的印第安人形象相去甚远，倒是跟出土的商代青铜头盔的款式有八分的相似。

其他的诸如龙形的神像，凤鸟的图案，类似饕餮的美洲虎图腾的造型，玉器以及云雷纹和回纹等都会让稍有中国古代文物常识的人感到似曾相识。商周有以虎（虎豹不分）为图腾的氏族。至于更早的时期，虎图腾氏族见于《山海经》记载的极其繁盛。印第安人对凤鸟的具体形象有不同解释，与羽蛇神的分合也有不同做法，这也同样让念叨了几千年龙凤呈祥的中国人备感亲切。

^ 坐着的奥尔梅克男子雕像

该像出土于墨西哥，创作于公元前12世纪～公元前9世纪，现藏于洛杉矶艺术博物馆。该塑像由固体黏土材质塑造而成，展现了一个奥尔梅克男子坐着的轻松样态，左腿盘起来右腿弯曲，光头，左手伏地放在左腿附近，右手放在右脚上。眼睛狭窄细长，头部稍微左扭转，眼睛浮肿，嘴唇厚大，嘴巴微张，鼻子呈扁平状，这样的相貌是奥尔梅克人物的典型形象，出土于墨西哥附近，展现了古时奥尔梅克人的自然形体。

奥尔梅克文明存在了大约六百年，于公元前400年左右消失，原因未知，但是它留下的东西都成了后来的玛雅文化等共有的文明轨迹，贡献堪称伟大。而就与殷商文化联系的紧密程度来看，与其说玛雅是“第二殷商”，倒不如说奥尔梅克文明才真正是殷商遗民所创。

美国学者迈克尔·芤在1968年出版的《美洲的第一个文明》中曾推测奥尔梅克文明可能来自殷商，或者至少有很强烈的殷商影响。而中国持此观点的学者亦为数不少，比如国学大师罗振玉、王国维以及郭沫若先生等都同意殷人东渡理论。但是这所有的学术观点目前都缺乏直接的证据和文献的支持，因此都只能归为猜想。

也许，玛雅人到底来自何方，将会作为一个永远的谜团，一直存在下去了。

VISIBLE HISTORY OF THE WORLD

关键词：玛雅古国 / 玛雅后裔 / 信仰习俗

今日的玛雅人

■ 17世纪至今

古代的玛雅人以神秘的原因遗弃了他们辛勤创建并不断美化与修饰的城邦。此后的多个世纪中，人们不断地在追问，玛雅人是真的人间蒸发了，还是依然在美洲大陆其他的地方生存。当我们已经无法通过遗址壁画中的玛雅人形象去识别今日的玛雅人的时候，独特的语言体系成为辨别今日玛雅人的标签。今日的玛雅人虽然已经丧失了很多曾经的特性，但在宗教上，在生活习惯上，依然有所固守，固守传统，也是固守文化。

消失与存续

曾经辉煌一时的玛雅古国，在10世纪左右突然崩溃、没落。这个曾经创造了中美洲灿烂的玛雅文化的民族，如今已经悄无声息，淡出人们的视野。不过，玛雅民族至今并未消失殆尽。这个昔日伟大文明古国的子民，在历经外族殖民统治和现代文明冲击等沧桑变故后，如今已沦为自己家乡的少数群体。

目前存留下来的玛雅人有四百多万，他们生活在当年他们祖先生息的土地上，他们分布在墨西哥东南部、危地马拉、洪都拉斯和萨尔瓦多等国。

^ 穿着传统服饰的玛雅妇女正在编织玛雅风格的编织物。

较为详细的分布状况为:(1)尤卡坦玛雅人,居住在墨西哥的尤卡坦半岛,并扩展到伯利兹北部和危地马拉东北部;(2)拉坎敦人,人数很少,居住在墨西哥南部乌苏马辛塔河与危地马拉之间的边境地区,一小部分居住在危地马拉和伯利兹;(3)凯克奇人、皮科莫西人、波科曼人、乌斯潘特克人、基切人、卡克奇克尔人、楚图希尔人、萨卡普尔特克人,居住在危地马拉东部和中部高地;(4)马姆人、特科人、阿瓜卡特克人和伊西尔人,居住在危地马拉西部高地;(5)莫托辛特莱克人、图赞特克人、哈卜尔特克人、托霍拉瓦尔人和丘赫人,居住在危地马拉韦韦特南戈省及相邻的墨西哥部分地区;(6)瓦斯特克人,居住在墨西哥韦拉克鲁斯州北部及其相邻的圣路易斯波托西州;(7)佐齐尔和策尔塔尔诸民族,居

玛雅风格的传统服饰

住在墨西哥南部恰帕斯州。

由于受到西班牙殖民统治影响和现代文明的冲击，真正的玛雅文明似乎已经消失，现代玛雅人及他们的居住地中再也看不到当年玛雅抄本和壁画上描绘的那些热烈而绚丽多彩的气息，而是变得非常现代化，人们随处可看到称量用的电子秤、牛仔裤、收录机和具有拉丁风味的餐厅、酒吧，就连电脑也进入了玛雅人的世界。而且，从相貌上识别玛雅遗民已经是非常困难的事情，他们的相貌已经没有鲜明的特征了，与他们的中美洲邻居并没有太多的差异。也许在外来旅游者所能到达的城镇，你会看到玛雅后裔穿着美国式的便装，女性头上的珠花也是从市镇上买来的，男人的手腕上戴着廉价手表，小孩子嘴里喝着可口可乐，仿佛玛雅风情已经在全球一体化的背景中被冲淡了。其实不然，玛雅后裔依然坚持着自己的传统。

玛雅人在语言上仍然坚持说着他们祖先的语言。尽管多样的地理环境使他们分处各地导致方言变异，但是统一的玛雅语族无疑是他们最好的种族和文化的纽带。即使是16世纪西班牙人征服以后，近乎五百年的殖民统治也未能改变玛雅人自己的语言，也未改变他们从古到今都在自己的家乡繁衍生息的状况。他们的语言和他们的文化都保持了相当程度的稳定性。

信仰与生活的固守

对于最初到达中美洲的西班牙殖民者来说，最令他们无法忍受的是玛雅人的偶像崇拜和传统信仰，西班牙天主教会自16世纪殖民时期开始，在玛雅人的聚居区便强制推行天主教，到处建立教堂。经过400多年长期不断的威逼利诱，结果如何呢？事实是假如今天我们走进玛雅人居住区的西班牙天主教教堂，会看到：天主教牧师冷清清地坐在他的讲坛边，而玛雅“教民”却热闹非凡地聚集在另一边焚香祷告，默念他们世世代代信奉的天神、雨神、蛇神等神灵的圣名，一派异教徒景象。

^ 参加玛雅传统活动的玛雅人

今日玛雅人仍沿袭了男耕女织的传统生活方式，玛雅男子最重要的任务是看管及种好玛雅人自古以来视为生命之源的玉米田。玛雅女子则以织布为天职，玛雅人独特的织布技术与图案设计，是代代相传的绝活。可以看出，如今的玛雅人的生存理念，仍与古玛雅人有着密不可分的传承关系。

这便是我们今天还能见到的玛雅遗民。他们在文化一体化的巨大压力之下，仍固守着自己的语言、宗教以及传统的生存方式。作为他们光荣祖先的见证人，但愿他们能够长久地生存繁衍下去。

专题

世界古文明与古帝国

⊙城市兴起 ⊙古国文明 ⊙代表成就

	文明或帝国概述	代表性成就或代表性人物
古埃及文明	古埃及文明是指在尼罗河第一瀑布至三角洲地区，时间段限为公元前3000年到642年阿拉伯人征服埃及的历史。	埃及金字塔：是古埃及法老（即国王）和王后的陵墓。陵墓是用巨大石块修砌成的方锥形建筑，因形似汉字“金”字，故译作“金字塔”。 狮身人面像：像高20米，长57米，脸长5米，头戴皇冠，额上刻着圣蛇浮雕，下垂长须。 木乃伊：即“人工干尸”，古埃及人笃信人死后，其灵魂不会消亡，仍会依附在尸体或雕像上，所以，法老等死后，均制成木乃伊。
苏美尔文明	苏美尔文明是两河流域（底格里斯河和幼发拉底河）文明的重要一支，在公元前3500年时，苏美尔人开掘沟渠，成功地利用了底格里斯河和幼发拉底河的湍急的河水，从而在两河流域创建了第一个文明。到公元前3000年时，苏美尔地区已出现12个独立的城市国家。	楔形文字：苏美尔文明的一个重要特征是文字的发明和使用。考古学家发现了一块约为公元前3500年的石板，上面刻有图画符号和线形符号。这是两河流域南部迄今所知最早的文字。两河流域书写的材料是用黏土制成的半干的泥板，笔是用芦苇秆（或骨棒、木棒）做的，削成三角形尖头，用它在半干的泥板上刻压，留下的字迹笔画很自然地成了楔形，因此称为楔形文字（cuneiform）。楔形文字后被巴比伦人、亚述人等承袭，并传播到整个西亚。

续表

	文明或帝国概述	代表性成就或代表性人物
克里特文明	克里特文明，也译作米诺斯文明或迈诺安文明，是爱琴海地区的古代文明，出现于古希腊，迈锡尼文明之前的青铜时代，公元前3000年至公元前1450年。该文明的发展主要集中在克里特岛。	克诺索斯城：克诺索斯城的主体是庞大复杂的宫殿建筑群，由于拥有当时最强大的海军，克诺索斯城的宫殿几乎无外患之忧，故没有坚固的围墙和城堡，外观也不像埃及等地的宫殿那样高大宏伟，走入其中的人，不会有压抑感，而只会对其富有特色的内部结构感到好奇，感到轻松。
奥尔梅克文明	奥尔梅克文明，中美洲古印第安文明萌芽阶段的文化。有美洲文明之母之称，得名于奥尔梅克印第安人。分布在墨西哥的韦拉克鲁斯州和塔瓦斯科州。年代公元前1000年至公元前3世纪 。	巨石头像：用天然的圆形巨石雕刻的头像更是硕大无朋，有的竟高达3米多，有30多吨重。一座座头像用的或是花岗岩，或是玄武岩，除了对人物五官进行了清晰的刻画外，每一个头像的头顶还戴着古怪的头盔。这些巨大的头像不仅彰显了奥尔梅克人的艺术水平，也似乎在传达着某些神秘的讯息。
玛雅文明	玛雅文明是拉丁美洲古代印第安人文明，也是美洲古代印第安文明的杰出代表，以印第安玛雅人而得名。约形成于公元前1500年，主要分布在墨西哥南部、危地马拉、巴西、伯利兹以及洪都拉斯和萨尔瓦多西部地区。	数学：数学是一切科学的基石。玛雅人有自己独特的数学体系，这一体系中最为重要的两点是0的使用和20进位制。 历法：玛雅人有三种主要历法，分别是神历、太阳历和长纪年历，堪称世界上最完美的历法。太阳历是根据天文测算出来的。一年分18个月，每个月20天，另加5天作为禁忌日，这样全年就是365天。

续表

	文明或帝国概述	代表性成就或代表性人物
古巴比伦文明	“巴比伦文明”是距今6000年至2500年间，两河流域（幼发拉底河和底格里斯河）附近一系列城市文明的总称。	巴比伦空中花园：公元前6世纪由新巴比伦王国的尼布甲尼撒二世为其患思乡病的王妃安美依迪丝修建，现已不存在。空中花园据说采用立体造园手法，将花园放在四层平台之上，平台由25米高的柱子支撑，并且有灌溉系统。园中种植各种花草树木，远看犹如花园悬在半空中。
中华文明	中华文明源自龙山文化、仰韶文化等早期文明，又以诗、书、礼、乐、易、春秋等为思想源泉，是世界上最古老的文明之一，也是世界上持续时间最长的文明。	四大发明：四大发明是指中国古代对世界具有很大影响的四种发明，即造纸术、指南针、火药、活字印刷术。此一说法最早由英国汉学家李约瑟提出并为后来许多中国的历史学家所继承，普遍认为这四种发明对中国古代的政治、经济、文化的发展产生了巨大的推动作用，且这些发明经由各种途径传至西方，对世界文明发展也产生了很大的影响。

续表

	文明或帝国概述	代表性成就或代表性人物
古希腊城邦文明	希腊是欧洲文明的摇篮，位于欧洲南部，地中海的东北部，包括今巴尔干半岛南部、小亚细亚半岛西岸和爱琴海中的许多小岛。持续了约650年（前800～前146）。古希腊人在哲学思想、历史、建筑、文学、戏剧、雕塑等诸多方面有很深的造诣。	希腊哲学：希腊哲学是西方哲学的本源，西文“哲学”一词出自古希腊文，意为爱智。哲学流派有米利都学派、伊壁鸠鲁派、犬儒派等，代表性哲人有苏格拉底、柏拉图等。 荷马史诗：《荷马史诗》是相传由古希腊盲诗人荷马创作的两部长篇史诗《伊利亚特》和《奥德赛》的统称。它作为史料，不仅反映了公元前11世纪到公元前9世纪的社会情况，而且反映了迈锡尼文明。它再现了古代希腊社会的图景，是研究早期社会的重要史料。
古罗马文明	古罗马通常指从公元前8世纪中期在意大利半岛中部兴起的文明，经历罗马王政时代、罗马共和国，于公元1世纪前后扩张成为横跨欧洲、亚洲、非洲的庞大罗马帝国。	罗马法：一般泛指罗马奴隶制国家法律的总称，其中的《十二铜表法》是古罗马第一部成文法典,也是第一部可以按律量刑的法典，是世界历史发展中法律发展的代表。 基督教：古罗马帝国时期（约公元4世纪）确立基督教为国教，此后基督教在西方世界得到了极大的发展，今天基督教成为世界第一大宗教。
腓尼基文明	腓尼基位于地中海东岸北部，即现今的叙利亚和黎巴嫩沿海地带。公元前2000年年初，这里先后出现了一些奴隶制城邦，著名的有推罗、西顿、乌加里特、毕布勒、泰尔等。	文字系统：腓尼基人发明了由22个辅音字母组成的文字系统。这些字母向东传播到西亚、南亚，以及东亚一些国家，成为这些国家文字的源头。希腊人在这套拼音字母的基础上，加上几个元音字母，创造了希腊字母。后来罗马人又师承希腊字母，创造了拉丁字母。这就是现今欧洲各种文字字母的渊源。
波斯帝国	波斯帝国兴起于伊朗高原的古国，于公元前6世纪至公元前5世纪达到极盛。极盛时期波斯帝国从美索不达米亚横跨到印度，由里海伸展到波斯湾，势力扩及今天的伊拉克、伊朗和阿富汗等地。	大流士一世：波斯帝国的第三代君主（前522～前486在位）。大流士不仅是波斯帝国的伟大君主，也是世界历史上的著名政治家之一。大流士一世统治波斯期间，对内镇压了米底、亚述等地的叛乱；对外，他在公元前517年将印度河流域纳入波斯版图，进一步控制了黑海海峡和色雷斯一带，前锋直指希腊诸城邦，他是第一个向欧洲扩张的东方君主。

续表

	文明或帝国概述	代表性成就或代表性人物
赫梯文明	赫梯文明（Hittites）发源于小亚细亚东部的高原山区，在哈利斯河（今名克泽尔河）上游一带。约公元前2000年，赫梯文明初步成型。	冶铁技术：赫梯是西亚地区最早发明冶铁术和使用铁器的国家。赫梯的铁兵器曾使埃及等国家胆寒。亚述人的冶铁术就是从赫梯人那里学来的。赫梯王把铁视为专利，不许外传，以至贵如黄金，其价格竟是黄铜的60倍。
希伯来文明	希伯来文明诞生于今天被称为巴勒斯坦的土地上，在古代这块地方称为迦南。希伯来人是当今犹太人的祖先。在巴勒斯坦形成两个部落联盟，北方的叫以色列，南方的叫犹太。	犹太教：犹太教（Judaism）是世界最早而且最古老的宗教之一，也是犹太民族的生活方式及信仰。犹太教中有三部典籍：第一部是《西伯来圣经》（又称《塔纳赫》），所有犹太人都要绝对忠诚地信奉它；第二部是《塔木德》，它对犹太教经文中的戒律逐一做出了详尽解释；第三部是《米德拉什》。
印加文明	南美洲古代印第安人文明。印加为其最高统治者的尊号，意为太阳之子。15世纪起势力强盛，极盛时期的疆界以今秘鲁和玻利维亚为中心，北抵哥伦比亚和厄瓜多尔，南达智利中部和阿根廷北部。	黄金帝国：印加人的金属加工业比较发达，他们不但懂得金、银、铜、铅、锡、汞的冶炼，还会冶炼各种合金，并知道利用汞来提纯黄金。金银主要用来制作装饰品和艺术品，铜及其合金主要用来制造武器、日用器皿和利刃工具。由于印加人崇尚黄金和大量使用黄金，印加帝国也被称作黄金帝国。

续表

	文明或帝国概述	代表性成就或代表性人物
阿兹特克文明	阿兹特克文明是一个在14世纪至16世纪的墨西哥古文明。阿兹特克文化是中美洲古老印第安文明的一部分，史料记载的历史开始于12世纪中叶。阿兹特克文明在发展过程中，吸收了玛雅文明的许多成就，但自己也有独创。	手工业：阿兹特克人的手工业较为发达，能制造各种出色的手工艺品。阿兹特克人的手工业制品也比玛雅人进步，已能普遍制造铜器，掌握铸造、压印金器和以宝石镶嵌装饰品等技术。纺织、刺绣、木雕、陶器和羽毛饰物也都有相当的工艺水平。
马其顿帝国	马其顿帝国是公元前4世纪在马其顿地区崛起的国家，曾征服小亚细亚、波斯、埃及等地，把希腊文明传播到中东各地。马其顿位于希腊北部，由上、下马其顿两地区组成。	亚历山大大帝：马其顿国王，亚历山大帝国皇帝，世界古代史上著名的军事家和政治家。他足智多谋，在担任马其顿国王的短短13年中，以其雄才大略，东征西讨，先是确立了在全希腊的统治地位，后又灭亡了波斯帝国。在横跨欧、亚的辽阔土地上，建立起了一个西起希腊、马其顿，东到印度河流域，南临尼罗河第一瀑布，北至药杀水的以巴比伦为首都的庞大帝国。
亚述帝国	古代西亚奴隶制国家，位于底格里斯河中游。公元前3000年文明逐渐形成，公元前19世纪至公元前18世纪发展成为王国。公元前8世纪中叶至公元前621年成为显赫一时的亚述帝国。	萨尔贡二世：亚述帝国国王，在位期间（前721～前705），对内改变片面支持军事官僚贵族集团的政策，以大量授予城市自治权的办法笼络神庙祭司，建立起以军事官僚贵族和神庙祭司为支柱的专制王权。对外继续进行扩张，公元前721年征服以色列，迁其民于两河流域。公元前720至公元前717年占领叙利亚全境。公元前714年大败乌拉尔图王国，占领其南部大片领土，后又占领伊朗高原西北部米底地区。

附录：

震撼世界的100次考古大发现

欧洲		
	18世纪初	被泥浆淹没的赫库拉尼乌姆古城
	1748年	罗马繁荣的城市庞贝
	1828年	埃特鲁里亚人的陵墓
	1848年	尼安德特人
	1850年	北欧最古老的史前人类定居点
	1853年	“木桩住宅”的发现
	1855年	骨灰瓮文化
	1870年	特洛伊古城的重现
	1876年	迈锡尼文明
	1880年	北欧人的“戈克斯塔德船”
	1889年	美索不达米亚古城尼普尔城址
	19世纪末	原始几何形陶器
	1900年	克诺索斯迷宫
	20世纪初	哈拉帕文化
	1907年	海德堡人
	1927年	猛犸象牙坑的发现
	1929年	俄国中世纪的城市诺夫哥罗德
	1930年	早期的长屋
	1931年	雅典政治中心阿哥拉
	1933年	波兰比斯库平铁器时代的居民点遗址
	1939年	萨顿胡的船棺葬
	1940年	拉斯高洞穴发现的冰川时代艺术
	1950年	丹麦泥沼中的“托兰德人”

欧洲	1959年	哈尔恰扬城址
	1969年	文多兰德要塞的发现
	1969年	新石器时代的居民点卡泰尔·胡尤克
	1972年	瓦尔纳铜器时代的墓地
	1978年	霍克多尔夫铁器时代的墓冢
	1982年	青铜时代的乌鲁·布兰沉船
	1991年	“冰人”遗体
亚洲	18世纪初	印度尼西亚史前文化
	19世纪	直立人化石
	1837年	古印度文字
	1840年	尼尼微和亚述的宫殿
	1861年	柬埔寨发现大吴哥古迹
	1877年	绳纹文化
	1885年	印度尼西亚古爪哇文刻石
	1899年	古巴比伦城市的发掘
	1899年	艺术博物馆殷墟
	1900年	敦煌莫高窟
	1921年	人类祖先的化石北京人
	1922年	死亡之丘摩亨佐·达罗城
	1924年	帕祖里克和乌科克的冰冻陵墓
	1924年	诺彦乌拉墓地
	1928年	耶利哥纳吐夫文化
	1929年	古代的青铜奇迹三星堆
	1929年	乌尔墓葬
	1930年	古代安息王国尼萨城址

亚洲

1935年	红山文化
1939年	元大都遗址
1946年	死海古卷
1949年	纳马兹加文化
1951年	扎维凯米-沙尼达尔遗址
1954年	尼阿洞穴遗址
1956年	明定陵
1959年	卡尔梅勒山遗址
1963年	马萨达石山
1964年	埃布拉遗址
1964年	能诺他墓地
1965年	元谋人
1966年	泰国班清遗址
1969年	赭色陶文化
1970年	何家村遗宝
1972年	马王堆汉墓
1974年	秦始皇陵兵马俑
1978年	曾侯乙墓
1983年	南越王墓
1987年	法门寺地宫
1998年	泥河湾盆地于家沟旧石器遗址
2000年	万寿岩史前洞穴遗址
2000年	成都商业街船棺葬遗址
2001年	山西吉县旧石器时代遗址
2006年	云南富源大河旧石器洞穴遗址
2007年	新疆巴里坤东黑沟遗址

美洲	16世纪	玛雅文明及象形文字
	1722年	复活节岛巨石雕像
	1790年	阿兹特克祭坛和上帝石的发现
	20世纪初	奥尔梅克文明
	1911年	"古老的 山巅"马丘比丘
	1932年	蒙特阿尔班的7号墓
	1946年	纳斯卡巨画
	1946年	西潘王陵与莫切文明
	1976年	火山毁灭的村庄埃尔·凯兰
非洲	1853年	埃及吉萨金字塔的发现
	1887年	阿马尔纳考古遗址的发现
	1905年	迪尔·埃尔-迈迪纳村的发现
	1922年	图坦卡蒙陵墓的发掘
	1924年	第一块南方古猿化石塔翁幼儿的发现
	1939年	古代城市塔尼斯的发掘
	1940年	南非波德洞穴中的头骨盖
	1959年	东非发现"胡桃夹人"
	1960年	能人头骨惊现奥杜威峡谷
	1969年	坦桑尼亚石器时代的岩画
	1978年	印刻古埃及语言的罗塞达石碑
	1981年	津巴布韦考古遗址的发掘
大洋洲	1908年	拉皮塔文化
	1956年	马克萨斯群岛古代文化遗址
	1959年	巴布亚文化
	1969年	最古老的火葬仪式遗址
	1981年	塔斯马尼亚遗址

看得见的世界史

一部好读、好看、好听的历史，一幅全息立体的历史图卷

地球村的时空故事

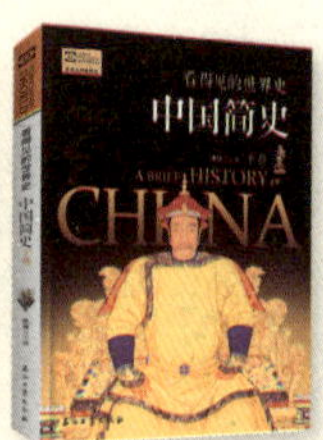

华夏文明的壮美图卷

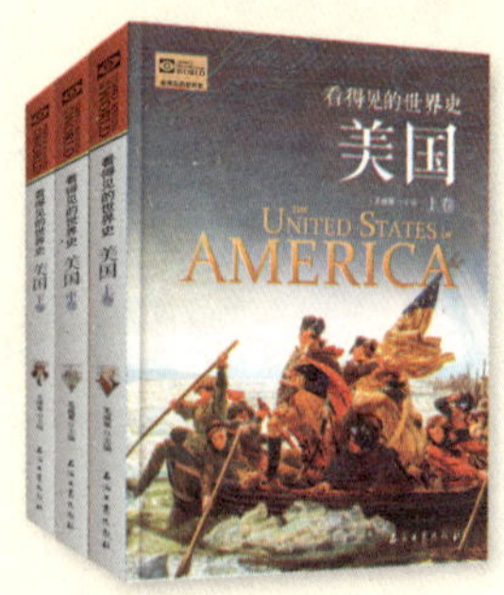

超级大国的心路历程

欧洲社会的悲欢离合

爱琴海的文明

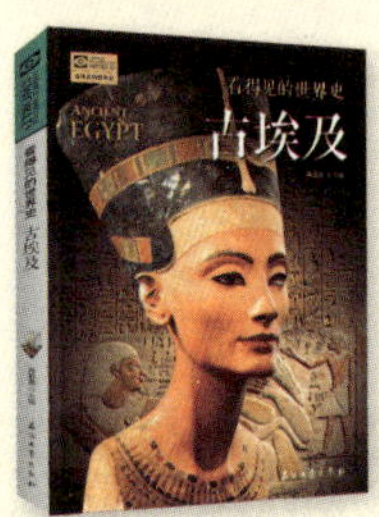

法老的世界

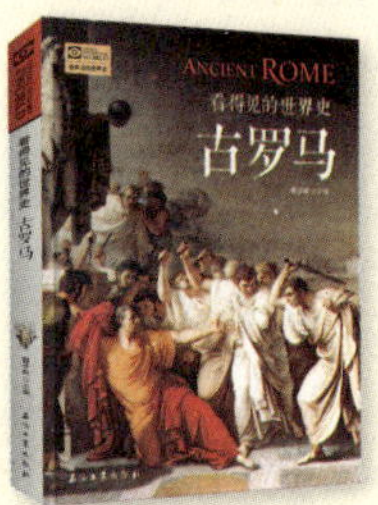

法治与征服

南亚次大陆的文明之光

人类教育的起点

丛林中的神秘文明

日不落帝国的崛起与衰落

高卢雄鸡的鸣唱

血与火的统一

欧亚上空的双头鹰

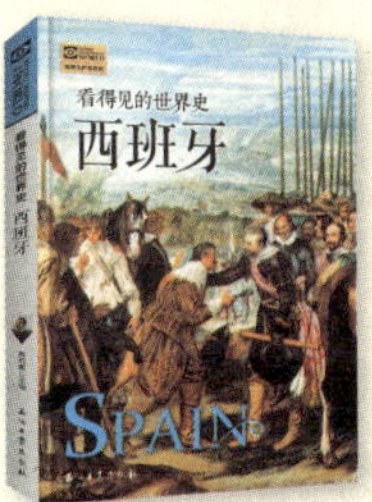

“全球帝国”的兴衰往事

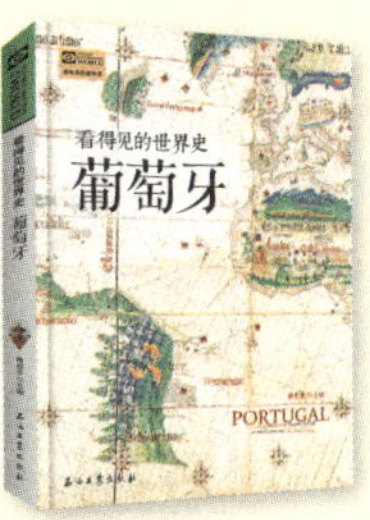

冒险家打造的海洋强国

“海上马车夫”的盛衰

亚平宁半岛上的历史风云

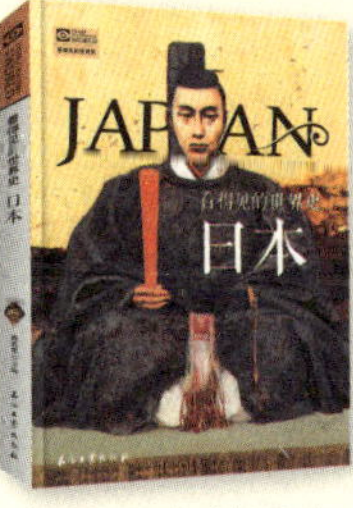

“菊与刀”的国度

看得见的世界史 玛雅

装帧设计：罗　雷　蒋碧君

文稿撰写：王文奇　泽　安

文图编辑：杨　静　韩　飞

美术编辑：罗筱玲

图片提供：视觉中国

全景图片库

美国纽约大都会艺术博物馆

美国洛杉矶郡美术馆

美国波士顿艺术博物馆

英国不列颠博物馆

日本东京国立博物馆

法国罗浮宫博物馆

意大利佛罗伦萨乌菲齐美术馆

荷兰阿姆斯特丹国立博物馆